अवचेतन मन की शक्तियाँ

अवचेतन मन की शक्तियाँ

(पाएँ उत्तम स्वास्थ्य, असीम धन एवं आत्मज्ञान)

डॉ. एन.के. शर्मा

प्रभात प्रकाशन

प्रकाशक
प्रभात प्रकाशन प्रा. लि.
4/19 आसफ अली रोड, नई दिल्ली-110002
फोन : 011-23289777 • हेल्पलाइन नं. : 7827007777
इ-मेल : prabhatbooks@gmail.com ❖ वेब ठिकाना : www.prabhatbooks.com

संस्करण
2025

पेपरबैक मूल्य
तीन सौ पचास रुपए

मुद्रक
नरुला प्रिंटर्स, दिल्ली

★

AVACHETAN MANN KI SHAKTIYAN
by Dr. N.K. Sharma

Published by **PRABHAT PRAKASHAN PVT. LTD.**
4/19 Asaf Ali Road, New Delhi-110002

ISBN 978-93-5186-853-8

₹ 350.00 (PB)

विश्व के उन सभी युवाओं एवं व्यक्तियों को,
जो ब्रह्मांड की और स्वयं की अनंत शक्तियों को पहचानकर
छू सकते हैं जीवन की असीमित ऊँचाइयों को;
कर सकते हैं हर असंभव स्वप्नों को साकार;
बदल सकते हैं संपूर्ण विश्व की तसवीर;
पैदा कर सकते हैं एक संपूर्ण समृद्धि-युक्त स्वस्थ
एवं आनंदित समाज!

संपूर्ण विश्व, इसके लोग, यहाँ तक कि पशुओं पर भी विशुद्ध रूप से उनके अवचेतन मन का नियंत्रण होता है। हम जहाँ कहीं भी हों, चाहे जो भी हों, हम पूर्णतया अपने अवचेतन मन के गौण उत्पाद हैं। यदि आप अपने आप को और संपूर्ण मानवता को समझना (चरम सत्य) चाहते हैं तो आपको अवचेतन मन के विषय में जानना और समझना होगा।

—डॉ. एन.के. शर्मा

प्रस्तावना

संपूर्ण मानवता हमारे अवचेतन मन द्वारा शासित और नियंत्रित होती है। हमारे सारे व्यवहार, व्यक्तित्व, आदतें, प्रतिक्रियाएँ, परंपरा का पालन, रीति-रिवाज, उपलब्धियाँ, सफलता और विफलता हमारी अपनी मान्यताओं और अनुकूलन के परिणाम हैं। प्रकृति के जिस उपहार के साथ हम पैदा हुए हैं, उससे अनभिज्ञ रहना वैसा ही है, जैसे अपनी फैक्टरी के लिए खरीदी गई उच्च्व तकनीक की मशीनरी का प्रयोग न करना, क्योंकि आपको उसका इस्तेमाल करना नहीं आता।

यह भी भारी चिंता का विषय है कि वह महा-मानवीय शक्ति, जो पल-पल संपूर्ण मानवता पर, हर दिन 24 घंटे, यहाँ तक कि हमारे सपनों (यानी नींद) में भी नियंत्रण रखती है, पर हमारी शिक्षा व्यवस्था में पाठ्यक्रम का हिस्सा नहीं है। अपने दैनिक जीवन में हम इसके विषय में काफी कुछ सुनते हैं, काफी कुछ बातें करते हैं, रोजमर्रा के जीवन में कई बार इस शब्द को सुनते हैं, लेकिन स्कूलों में इस विषय को कभी हमें पढ़ाया नहीं गया है। भले ही साइकेट्री का अध्ययन करने वाले छात्रों को इस विस्तृत विषय का एक छोटा सा हिस्सा पढ़ाया जाता है, लेकिन कुछ ही मनोचिकित्सक इस विषय के बारे में सचमुच विस्तार से जानते हैं। ऐसा इस कारण, क्योंकि यदि उन्होंने अवचेतन मन के विषय में गंभीरता से अध्ययन किया होता और समझा होता तो वे वास्तव में आध्यात्मिक और जाग्रत् जीव बन गए होते। अपने व्यावहारिक जीवन में वे इसका लाभ अपनी इच्छा के अनुसार उठा सकते थे। लेकिन दुर्भाग्य से मैंने कुछ ही मनोचिकित्सकों को देखा है, जिनका जीवन सच में संतुलित है। विडंबना यह है कि उनमें से कई अपनी ही समस्याओं

से घिरे रहते हैं। किसी विषय को पढ़ना और किसी विषय को जीना (यहाँ वह विषय अवचेतन मन है) पूरी तरह से एक अलग ही पहलू है।

यहाँ तक कि आधुनिक वैज्ञानिक युग में भी स्कूलों या कॉलेजों में इस विषय की शिक्षा देने के कदम नहीं उठाए गए हैं। सामान्य लोगों को इस विषय की शिक्षा देने के उपयुक्त माध्यम के अभाव में अन्य वैकल्पिक संस्थानों की बाढ़ सी आ गई है, जो इस विषय में सच्ची दिलचस्पी रखने वालों की आवश्यकताओं को पूरा कर रहे हैं। इन विषयों में रुचि रखने वाले लोग सम्मोहन, एन.एल.पी., आकर्षण के नियम की गुप्त बातों, रचनात्मक दृश्यांकन, मन की शक्ति और अवचेतन मन की प्रोग्रामिंग की कार्यशालाओं के माध्यम से प्रयास कर रहे हैं और सीख रहे हैं। लेकिन ऐसा करने वाले विश्व की आबादी के एक प्रतिशत भी नहीं हैं।

यह विडंबना नहीं है कि विश्व की 99 प्रतिशत आबादी ने कभी प्रकृति के इस महानतम उपहार के विषय में न जाना, न ही सुना। वह हीरा, जो पूरे जीवन उनके पास होता है और वे उसकी चमत्कारी शक्तियों के बारे में जाने बिना और प्रयोग किए बिना ही इस दुनिया से चले जाते हैं।

लोगों को उनकी अनोखी शक्ति का ज्ञान कराने की दिशा में यह पुस्तक एक छोटा सा प्रयास है। अपने मन की शक्ति को कोई जितना ही जानता और उसकी तलाश करता है, विशेष रूप से चेतन और अवचेतन मन की, वह ज्ञान के पथ पर उतना ही आगे बढ़ता चला जाता है। परम चेतना को जागरण, साक्षी भाव और प्रेक्षक को सतर्क जाग्रत् आत्मा के नाम से भी जाना जाता है। वर्तमान में हम इन दो मन के वश में हैं, जिस क्षण आप इन दो मन के मूलभूत कार्यों को समझ जाएँगे, उस पल यह आपकी इच्छा पर निर्भर करता है कि आप इसका प्रयोग कैसे करना चाहते हैं। आप अपने पूरे व्यक्तित्व, अपने भविष्य, अपने प्रारब्ध, अपनी इच्छाओं और सपनों पर नियंत्रण रख सकते हैं। आप नर्क या स्वर्ग को चुन सकते हैं। आप सबकुछ नए सिरे से लिख सकते हैं। एक जाग्रत् आत्मा का कोई मन नहीं होता। वे अपने मन का प्रयोग अपनी इच्छा से करते हैं। मन प्रसुप्त लोगों के लिए होता है, जो अपनी अनुमति के बिना कार्य करते हैं, इस कारण इतने भ्रम, इतने अंधविश्वास, इतनी उलझन होती है; यहाँ तक कि हमारा अहंकार भी और कुछ नहीं बल्कि

हमारी अवचेतन छवि होती है, जो समय के साथ बिना हमारी जानकारी के विकसित होती है और जीवन भर हम उसके वश में रहते हैं। हमारा ईश्वर, हमारा भाग्य, हमारी परिस्थितियाँ, हमारा भविष्य, हमारी उपलब्धियाँ, हमारे संबंध, हमारा स्वास्थ्य, धन, युवावस्था और खुशी हम सबको आकर्षित करते हैं और अपनी धारणा के अनुसार उनकी रचना करते हैं। अपने अवचेतन मन को समझकर, आप पूरी मानवता और उससे भी कहीं अधिक अपने आप को अच्छी तरह समझ जाएँगे।

अपनी प्रस्तुति में यह पुस्तक निस्संदेह रूप से असाधारण है, क्योंकि मैंने उन सभी विषयों को इसमें शामिल किया है, जिन्हें आप सामान्य तौर पर अवचेतन मन के ऊपर अब तक लिखी गई किसी अन्य पुस्तक में नहीं पाएँगे। मैंने हमारे सभी आम अंधविश्वासों, हमारे दैनिक जीवन में सामने आनेवाले भ्रम और भय जैसे इच्छा की पूर्ति, हमारे धार्मिक देवताओं की चमक, हमारे धार्मिक संस्कारों, भूत का भ्रम, विभिन्न प्रकार के भाग्य, हमारी गरीबी और अमीरी, समय से पहले बुढ़ापा और लंबा यौवन, आपके अपरिभाषित सपने, अप्रत्याशित मानव व्यवहार, हमारी प्राकृतिक मानसिक शक्तियाँ (अंतर्ज्ञान, दूर संवेदन आदि), हमारी सफलता और विफलता आदि का, अनेक अदृश्य रहस्यमयी घटनाओं का पर्दाफाश और ध्वस्त करने का प्रयास किया है, जो और कुछ नहीं बल्कि आपकी अवचेतन शक्तियों और विश्वासों की एक परछाईं हैं।

हम जब यह नहीं समझ पाते कि यह सब कैसे और क्यों होता है, तब ईश्वर, पुजारी, ज्योतिषी, काला जादू करने वाले, मानसिक विशेषज्ञ बीच में आ जाते हैं और हम अपने आप को पूरी तरह से उनके सुझावों और सलाहों के आगे नतमस्तक कर देते हैं, क्योंकि हमारे अंदर अवचेतन मन की शक्तियों का लेशमात्र भी ज्ञान नहीं होता है।

यह पुस्तक एक सामान्य मनुष्य को उसकी अज्ञानता से बाहर आने और उनकी इच्छा के अनुसार उसके मन को वश में रखने में निश्चित रूप से मदद करेगी।

—डॉ. एन.के. शर्मा

अनुक्रम

1

अवचेतन मन की चमत्कारी शक्तियाँ

ब्रह्मांड की सबसे अद्‌भुत कृति है मानव, जिसे सचमुच परमात्मा ने अपनी सारी शक्तियाँ देकर इस संसार में भेजा है। रचयिता ने अपने पुत्र में ऐसी शक्तियाँ भरी हैं कि वह अपने पिता की तरह विचार, कल्पना या इच्छा कर कुछ भी संसार में पैदा कर सकता है। आज मानव जिस तरह असंभव को संभव बनाने में सक्षम होता जा रहा है तो निश्चित ही परमात्मा भी अपना सिर खुजलाता होगा कि मेरा पुत्र तो मुझसे भी आगे निकलता जा रहा है। परमात्मा कच्ची सामग्री जुटा सकता है, परंतु मानव उससे जो चाहे इच्छानुसार पैदा कर लेता है। वह पत्थर देता है, हम मूर्तियाँ और मंदिर बना देते हैं; वह जंगल देता है, हम बगीचे रच लेते हैं। वह खनिज तत्त्व मात्र दे सकता है, हम उससे बड़ी-बड़ी मशीनें, कारें, हवाई जहाज, गहने, बरतन इत्यादि बना सकते हैं।

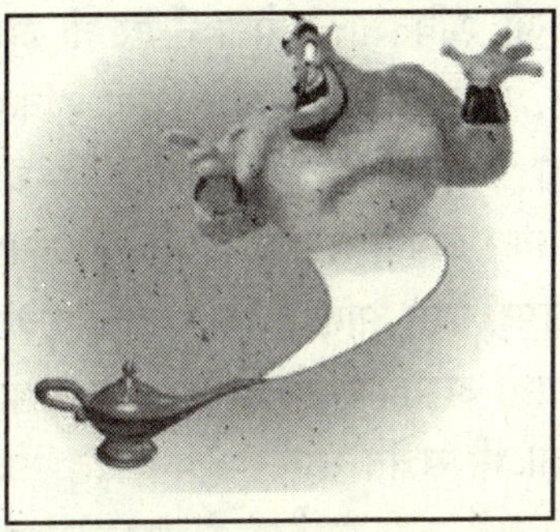

रचना में परमात्मा के बाद हम दूसरे नंबर पर हैं

हम इस ब्रह्मांड में सर्वोच्च रचना के स्रोत हैं। हम जो-जो सोचते जाएँगे, सपने देखते जाएँगे, वे सब आज नहीं तो कल फलीभूत करते जाएँगे और इन सबके फलीभूत करने में काम करता है हमारी रचना का सर्वोच्च स्रोत—चेतन

मन एवं अवचेतन मन। चेतन मन राजा है, अवचेतन मन गुलाम है। चेतन मन ने जो चाहे, इच्छा या विचार पैदा कर लिया तो समझ लें—अवचेतन रूपी गुलाम उसको फलीभूत करने में जुट जाता है। अवचेतन मन तर्क-वितर्क नहीं करेगा, कोई विरोध नहीं करेगा; क्योंकि उसके पास यह मन नहीं है। तर्क-वितर्क की शक्ति केवल राजा के पास है। अचेतन मन सेना है, सिर्फ हुक्म सुनती है और उसका पालन करती है। राजा सिर्फ प्लान कर सकता है, परंतु सफलता और कार्य-सिद्धि केवल सेना के हाथ होती है। ये ऐसे राजा के सुरक्षा कमांडो हैं, जो राजा के एक हुक्म पर मरने-मारने को तैयार हो जाते हैं, प्राण त्यागने को तैयार रहते हैं। धीरे-धीरे राजा स्वयं अपनी अवचेतन मन रूपी शक्तिशाली सेना तैयार तो जरूर करता है, परंतु सेना धीरे-धीरे इतनी शक्तिशाली भी हो जाती है कि राजा भी धीरे-धीरे गुलाम होकर अपनी सेना के अधीन हो जाता है। एक समय ऐसा आता है कि राजा अवचेतन मन के हाथों असहाय-सा हो जाता है, इसलिए राजा को भी सचेत रहकर अपनी दृढ़ इच्छा-शक्ति से इन्हें सही नियंत्रण में रखना होता है। राजा (चेतन मन) जितना कमजोर होता जाएगा, अवचेतन मन (शक्तिशाली सेना) उतना ही शासन करने लग जाएगा। सेना अच्छे-बुरे को नहीं जानती। राजा कहता है सही है तो सेना चुपचाप स्वीकार कर लेगी कि सही है। राजा कहेगा कि गलत है तो सेना (अवचेतन मन) चुपचाप मान जाएगी कि गलत है।

चेतन मन तर्क-वितर्क द्वारा अपने अचेतन मन को अच्छे-बुरे विश्वास से भरता रहता है और अवचेतन मन उन विश्वासों में बँधकर अच्छा-बुरा कार्य करने का जिम्मेवार हो जाता है। आइए, जानें कि क्या है हमारा चेतन और अवचेतन मन।

□

2

चेतन और अवचेतन मन

मानव मस्तिष्क में दो तरह के मन प्रमुख हैं—एक बाहरी (चेतन) और एक भीतरी (अवचेतन)। चेतन मन तर्क-वितर्क, विश्लेषण, हिसाब-किताब, सूचनाएँ एकत्रित करने जैसा काम करता है।

अवचेतन मन सूक्ष्म मन है, जहाँ हमारी सारी यादें, बचपन की यादें, इस जन्म की यादें दबी रहती हैं। ये लगातार दिए जानेवाले किसी भी अभ्यास को सख्त आदतों में परिवर्तित कर देता है। चेतन मन के जरा से इशारे से यह आपकी आदतों का लाभ या हानि देना शुरू कर देता है। चेतन मन द्वारा दी जानेवाली एक-एक ध्वनि (आपके विचार व आदतों) को अचेतन मन का टेपरिकॉर्डर पकड़ता रहता है, जिससे हम खुद अनजान रह जाते हैं कि हमने क्या-क्या इसमें भर दिया।

चेतन मन बाहर का प्रबंधक (मैनेजर) है तो अवचेतन मन भीतर का प्रबंधक (मैनेजर) है। हम सो जाते हैं तो हमारे सारे भीतरी कार्य सुचारु रूप से चलते रहते हैं। हमारे हृदय की धड़कन, पाचन होना, हार्मोन को, रक्त के मिस्ट्री को संतुलित रखना, गलत वातावरण और आहार के प्रति प्रतिक्रिया करना अवचेतन मन का काम है। चेतन मन से हम अपने अवचेतन मन को विचार कल्पना द्वारा कोई भी सही-गलत संदेश भेजकर शरीर के हार्मोन्स एवं रसायन को संतुलित या असंतुलित कर सकते हैं।

चेतन मन की सीमाएँ हैं, अवचेतन मन असीमित है। चेतन मन भौतिक

जगत् और भौतिक शरीर तक ही काम कर सकता है। अवचेतन मन सूक्ष्म जगत् में कहीं भी यात्रा कर सकता है, यह समय और सीमा से परे किसी भी युग में जा सकता है, अतीत और भविष्य काल में यात्रा कर सकता है, किसी से भी एक सेकंड में संपर्क स्थापित कर सकता है। हमारी प्रबल इच्छाओं, भावनाओं और कल्पनाओं को ब्रह्मांड में प्रतिध्वनित कर उससे संबंधित तरंगों को चुंबक की तरह अपनी ओर आकर्षित कर सकता है।

ब्रह्मांड का इस संसार में सबसे बड़ा कोई अगर ट्रांसमीटर है तो वह हमारा अवचेतन मन हैं। टी.वी., रेडियो, सैटेलाइट, वायरलेस सिस्टम की कहीं-न-कहीं सीमाएँ आ जाती हैं; परंतु अवचेतन मन हमारे विचारों, इच्छाओं और कल्पनाओं को ब्रह्मांड के किसी भी मनचाहे कोने में संप्रेषित (ट्रांसमीट) कर सकता है। इसी कारण टेलीपैथी (हमारे विचारों का दूर संप्रेषण) बड़ी आसानी से संभव हो पाता है।

हमारा यही सूक्ष्म मन संसार के ब्रह्मांड के किसी भी कोने में जाकर रहस्यों को ढूँढ़ सकता है, जान सकता है, प्रत्यक्ष देख सकता है, उसका सही-सही वर्णन कर सकता है। हर व्यक्ति के भीतर जो स्वाभाविक अंत:प्रेरणा का स्रोत है, उसका ग्राहक अवचेतन मन ही है। चेतन मन को शांत कर हम अवचेतन मन द्वारा कई तरह की अतीत व भविष्य की घटनाओं की पूर्व जानकारी प्रेरणा के रूप में देख सकते हैं, सुन सकते हैं, उसका आभास कर सकते हैं।

अवचेतन मन की इन्हीं शक्तियों के कारण ज्योतिष, टैरोकार्ड रीडर, क्रिस्टल बॉल गेजिंग वाले अनेक पराविद्याओं

में इसका उपयोग कर लाभ और नाम दोनों कमाते हैं। सामान्य व्यक्ति के दिमाग में यह भ्रम है कि ऐसी शक्तियाँ केवल विशेष तरह के लोगों के पास ही होती हैं। ये सिद्धियाँ हैं और सिद्धों के पास होती हैं। पर यह गलत धारणा है। इसके उलटे, ये बिल्कुल मानव की स्वाभाविक दिव्य शक्तियाँ हैं, जो चाहने पर और थोड़े से प्रयोग से बड़ी आसानी से प्राप्त की जा सकती हैं। इस तरह की शक्तियों का कभी-कभी ही व्यक्ति अचानक अनुभव करता भी रहता है; परंतु वह इसे संयोग मानकर ज्यादा ध्यान नहीं देता। हर व्यक्ति में अंत:प्रेरणा और पूर्वाभास जैसी चीजों का अकसर अनुभव होता ही है। ये सभी अवचेतन मन की असीम शक्तियों की झलक मात्र होती हैं। अवचेतन मन के कार्य और इसके विज्ञान को जानकर हम इसका शत-प्रतिशत नहीं तो अधिक-से-अधिक उपयोग कर जैसा चाहें, अपने जीवन में परिवर्तन ला सकते हैं।

हम अपने दिमाग के अगर 10 हिस्से करें तो 90 प्रतिशत भाग अवचेतन मन के पास है और 10 प्रतिशत चेतन मन के पास। इसका कारण साफ है कि चेतन मन बहुत सीमित काम करता है और अवचेतन मन असीमित। हम अधिकतर समय 24 घंटों में अवचेतन मन (पुरानी आदतवश प्रोग्रामिंग के अनुरूप) से संचालित रहते हैं। चेतन मन का तो तब उपयोग होता है, जब किसी नई चीज, नई आदत को आपको समझना होता है। हम पाँच इंद्रियों (नाक, आँख, कान, स्पर्श एवं जीभ) से जो भी सूचनाएँ ग्रहण करते हैं, उसका पुस्तकालय है चेतन मन। जितना इन पाँच इंद्रियों से उसे अनुभव में आया उतना ही वह उसका आधार लेकर तर्क-वितर्क करता है, बुद्धि लड़ाता है। इस कारण चेतन मन कहीं-न-कहीं जाकर रुक जाता है, सीमित हो जाता है। कवि, लेखक, कलाकार, वैज्ञानिक एवं सामान्य व्यक्ति भी इस बात को अच्छी तरह जानते हैं कि जब हमारा दिमाग एक जगह जाकर रुक जाता है, फिर अवचेतन मन ही जवाब देता है। आपकी प्रबल इच्छाओं के कारण अवचेतन मन ब्रह्मांड के खजाने से संपर्क कर मनचाही खोज को ढूँढ़ करके आता है, जिसे हम यूँ कहते हैं कि स्वयं ईश्वर ने मेरा मार्गदर्शन किया या ऊपर से अपने आप उतरी है।

दुनिया में जितने भी आविष्कारों का आप लाभ उठा रहे हैं, वे सभी अपने में सहज ही हमारी खोज की प्रबल आकांक्षा या आग के कारण प्रकट होते रहे हैं। चेतन मन से हमेशा मामूली खोजें होती हैं। जब आप थक-हारकर अपना संघर्ष या तनाव छोड़ देते हैं, तभी यह अवचेतन मन आपकी गहन सूचनाओं को ग्रहण कर आपके जवाब ढूँढ़ लाता है। जवाब तो तैयार तब भी था, जब आप चेतन मन से संघर्ष कर रहे थे। चूँकि आप तनाव में थे और शांत नहीं हो रहे थे, इसलिए पानी में चाँद की झलक साफ-साफ दिख नहीं पा रही थी। आपके शांत होते ही चंद्रमा साफ दिख जाता है।

अवचेतन मन हमारी सूचनाओं का भंडार है। जिन-जिन भावों को आप दबाते चले जाते हैं, वह सब अंतर्मन में छुपी रहती हैं। इसी कारण शराबी जब शराब के नशे में होता है तो उसका चेतन मन कमजोर हो जाता है। फिर वह जो भी बहकी-बहकी बातें बोलता है, वे सब उसके अवचेतन मन से निकल रही होती हैं। इसी कारण शराबी अकसर नशे में सच बोल जाते हैं, दिल की बातें खोल जाते हैं, जो वे होश में नहीं बोलते। अपराधियों से सच उगलवाने के लिए जो नार्को टेस्ट होता है, उसमें भी नशीली दवाओं का इंजेक्शन दिया जाता है और नशे की हालत में उनसे सच उगलवाया जाता है।

इसी कारण हम गहरी नींद में भी कभी-कभी अपने अंदर की दबी हुई बातों को दोहरा रहे होते हैं। गहरी नकारात्मक या नकारात्मक भाव-दशाओं में भी हमारा चेतन मन लुप्त हो जाता है और अवचेतन मन सक्रिय हो जाता है। इसलिए भावना में आकर व्यक्ति अपने दिल की बात खोल देता है, जिसमें गुस्सा भी एक ऐसा ही भाव है। हाँ, गुस्से में हमेशा आदमी सच बोल जाता है, जो वास्तव में उसके दिल में होता है। होश में आकर फिर वह अपने आपको समझा-बुझाकर चेतन मन के स्तर पर झूठा जीवन जीने की कोशिश करता रहता है। इसी संदर्भ में मैंने एक कविता लिखी है—

गुस्से का कमाल

मत देना जीवन से गुस्सा कभी निकाल,
गुस्से से हुए हैं दुनिया में बड़े-बड़े कमाल।

आदमी अकसर गुस्से में सच बोलता है,
दिल में दबी हुई असली बातें खोलता है।
जीवन भर के सारे हिसाब तौलता है,
गुस्से में सबका असली चेहरा बोलता है।
हर कोई खेल रहा है सबके संग नाटक यहाँ,
गुस्सा ही असली रिश्तों का परदा खोलता है।
गुस्से से पहचान लो ढोंगी और संत को,
गुस्से में आदमी नहीं, बल्कि अहं खौलता है।

□

3

सभी मानव दोहरे व्यक्तित्व से जीते हैं

हम जो देखते हैं, वह वास्तव में हमारा सच्चा स्वरूप नहीं है। सच्चा स्वरूप तो तब आता है, जब आप पर कोई आपदा, विपत्ति, समस्या या विरोध आता है। उस समय आप वो ही कर रहे होते हैं, जो आपका अवचेतन मन आपसे करवा रहा होता है।

जहाँ भी दो व्यक्तित्व होते हैं, वहाँ हमेशा तनाव रहेगा ही; क्योंकि वास्तविक व्यक्तित्व को ढकना नहीं पड़ता। वह तो सहज होता है। आपको बनावटी व्यक्तित्व को बार-बार सँभालना पड़ता है, ढकना पड़ता है; क्योंकि यह बनावटी चादर बार-बार अकसर खिसक रही होती है।

ध्यान इसी चेतन और अवचेतन मन की दीवार को तोड़कर एक केवल साक्षी भाव का विकास करता है। बेहोश

और सांसारिक आदमी दो दिमाग से संचालित होता है, जबकि ध्यानी पुरुष चेतन व अवचेतन मन से मुक्त होकर एक ही दिमाग हो जाता है। उसके पास न तो अतीत होता है, न भविष्य ही। वह अपनी मरजी के अनुसार मन को संचालित करता है। वह दोनों मन में एक जैसा ज़ीता है। कभी वह उस मन में, कभी वह इस मन में अपनी मरजी के अनुसार विचरता रहता है।

ध्यान से जब गहन साक्षी भाव का विकास होता है, तब चेतन मन का निर्माण नहीं हो पाता। बेहोशी जितनी गहरी होती है, अवचेतन मन उतना ही गहरा हो जाता है। अवचेतन मन का सारा अस्तित्व चेतन मन की सूचनाओं पर निर्भर है; उसके आदेश, भाव, इच्छाओं और सपनों पर निर्भर है। जब चेतन मन यह सब संप्रेषित नहीं करेगा तो अवचेतन मन का विकास ही नहीं हो पाएगा; क्योंकि वह चेतन मन रूपी राजा का गुलाम है। अवचेतन मन की सेना चुप बैठ जाएगी, निरर्थक हो जाएगी। जब चेतन मन में सारे नृत्य समाप्त हो जाते हैं, अचेतन मन सक्रिय होता जाता है, उतना ही अवचेतन मन भी उसके साथ नृत्य करने लगता है, उतने अधिक-से-अधिक वह सपने देखता है; क्योंकि बाहरी चंचलता निद्रा में भी प्रतिबिंबित होती है। ध्यान करनेवाले का जैसे-जैसे चेतन मन शांत होता चला जाता है, वैसे-वैसे अवचेतन मन भी शांत होता चला जाता है और उसके साथ सपने भी विदा हो जाते हैं। ध्यान में बड़ी मुश्किल से एकाध सपना आता होगा, क्योंकि साक्षी भाव में अवचेतन मन की क्रियाएँ सक्रिय नहीं हो पातीं। होश अवचेतन मन की दीवार को गिरा देता है। इसी अवस्था को बुद्धत्व कहते हैं, मोक्ष कहते हैं, शून्य कहते हैं। जिसके पास अवचेतन मन नहीं होता, वही बुद्ध है, वही मुक्त है, वही मोक्ष को प्राप्त है।

□

4

अवचेतन मन के दो प्रमुख सिद्धांत

1. कोई भी क्रिया, विचार या भाव को दोहराने से वह मन का हिस्सा बन जाता है, जिसे प्रोग्रामिंग या कंडीशनिंग कहते हैं।

कोई भी आदतें दोहराने का ही प्रतिफल है? आदत स्वयं अपने आप में विकसित नहीं होती, उसे अभ्यास द्वारा सींचा जाता है, चाहे वह अच्छी हो या बुरी।

2. अवचेतन मन वास्तविकता और कल्पना में बिल्कुल भेद (अंतर) नहीं करता।

दोनों में एक जैसी प्रतिक्रियाएँ करता है, क्योंकि सच में भी हम एक विशेष भाव या विचार पैदा करते हैं और कल्पना में भी। दोनों हालात में अवचेतन मन विचारों के प्रति प्रतिक्रिया करता है। वह सच और कल्पना (झूठ) में जरा भी अंतर नहीं करता। जैसे-जैसे चेतन मन कल्पनाओं से गहरा विश्वास पैदा करता जाएगा, वैसे-वैसे अवचेतन मन उसको सच मानकर प्रतिक्रिया करता जाएगा। पहला सिद्धांत जब हम पैदा होते हैं तो बिल्कुल एक खाली टेपरिकॉर्डर की तरह होते हैं (हालाँकि अवचेतन मन में आपके पूर्वजन्म के सारे संस्कार अवश्य आप साथ लाए होते हैं)। फिर हमें हर चीज, हर घटना, हर बात का बार-बार अभ्यास कराया जाता है कि कैसे खाएँ, कैसे नहाएँ, कैसे व्यवहार करें, कैसे चलें इत्यादि-इत्यादि। जिस भी काम को आप

8-10 बार दोहरा लेते हैं, वह आपके मन का हिस्सा बनता चला जाता है, जो फिर आदत के रूप में हमारे सामने प्रकट होता है। ऐसी हजारों आदतों के हम पुतले बन जाते हैं। इसके ठीक विपरीत, एक जंगली जंगल में अकेला होने पर बड़ी मुश्किल से ही कुछ आदतें विकसित कर पाता है।

जब हम कार, स्कूटर या साइकिल चलाना सीखते हैं, तब हम बड़ी सावधानीपूर्वक चेतन मन से एकाग्र होकर सीखते हैं। नियमित अभ्यास के बाद तब वह हमारे मन का हिस्सा बन जाता है। अब हम चेतन मन को कहीं और लगाकर अवचेतन मन द्वारा अपने आप गाड़ी चला रहे होते हैं। इसमें चेतन मन का बहुत सीमित उपयोग हो पाता है। चेतन मन हमेशा तब सक्रिय होता है, जब कोई नई घटना, वस्तु या व्यक्ति सामने आता है।

इस तरह अनेक आदतों की यहाँ चर्चा की जा सकती है। जब महिलाएँ रोटी बेलती हैं तो दिमाग उनका कहीं और होता है और हाथ अपने आप रोटी बेलते चले जाते हैं। जब हम ब्रश करते हैं, अपने आप हाथ मुँह में चलते रहते हैं। जब हम नहाते हैं, तब अपने आप हाथ वहाँ उतने ही जाते हैं, जितने आप नियमित ले जाते हैं। 24 घंटे हम कैसे उठते-बैठते, बोलते-चालते या प्रतिक्रिया करते हैं, वह सभी हमारी आदतों के हिस्से बनते चले जाते हैं, इसलिए हम अपने आपको 'आदतों का पुतला' कह सकते हैं।

अकसर कई बार जब हम अपनी बात समझा नहीं पाते हैं, तब हम बीच में अपने वाक्य का तादात्म्य बनाने के लिए, मेरा मतलब है 'एक्चुअली', 'वास्तव में', 'क्या कहते हैं' जैसे अनेक तकिया कलाम मजबूरीवश जोड़ लेते हैं। फिर हम देखते हैं कि वह तकिया कलाम हमारी सामान्य आदत बन जाता है।

□

5

मन चंचल नहीं; चंचलता का पूरा अभ्यास किया जाता है

सब कहते हैं कि मन चंचल होता है; परंतु स्वाभाविक रूप से मन चंचल नहीं होता, बल्कि चंचलता का पूरा-पूरा अनजाने में अभ्यास किया जाता है। मन को जितनी ज्यादा सूचनाएँ मिलती चली जाती हैं, मन उतना ही ज्यादा चंचल होता चला जाता है। कुछ हम जान-बूझकर भी चंचलता का अभ्यास करते हैं। हम एक काम करते समय उसी काम में पूरी तरह एकाग्र

(समग्र) न होकर दस जगह दिमाग को भगा रहे होते हैं। जब हम चाय पीते हैं तो चाय का भी पूरा स्वाद नहीं ले पाते। 25 चुस्कियों में मुश्किल से आपको 5-7 चुस्कियाँ याद रहती हैं। आपका दिमाग कभी लंदन, कभी बंबई, कभी ऑफिस तो कभी टी.वी. और कभी अखबार में घूमता रहता है। हम स्वयं ही तो इसका अभ्यास करते हैं और जिसका हम निरंतर अभ्यास करते हैं, वो ही हम हो जाते हैं और फिर जब भी हम ध्यान या एकाग्रता

वाला काम करने की कोशिश करते हैं तो चंचल मन अपनी आदत के अनुसार उछल-कूद करने लगता है। फिर आपको लगता है कि मन की चंचलता का नियंत्रण करना अत्यंत कठिन काम है। ऐसा नहीं है। अगर आप चंचलता का अभ्यास कर सकते हैं अनजाने में तो आप एकाग्रता का भी धीरे-धीरे अभ्यास कर सकते हैं। आप में और भगवान् बुद्ध में क्या अंतर है ? वह पूरी समग्रता से उसी क्रिया के साथ वर्तमान में रहते हैं। अगर वह चाय पिएँगे तो 25 चुस्कियों का पूरा अनुभव करेंगे। वह चलेंगे तो चलने पर ही एकाग्र होंगे। खाएँगे तो भोजन पर ही एकाग्र होंगे। चूँकि वह इसी का निरंतर अभ्यास करते हैं, इसलिए वह वो ही हो जाते हैं और हम समझते हैं कि यह चमत्कार या महानता है। आप भी आज के बाद जो भी काम करते हैं, एक बार में सिर्फ एक काम करें। एक साथ चार जगह अपनी इंद्रियों का इस्तेमाल न करें। संगीत सुनना है तो सिर्फ संगीत सुनें, फोन पर बातचीत करनी है तो सिर्फ फोन सुनें, नहाना है तो नहाना हो जाए, भोजन करें तो भोजन हो जाए। इस तरह सारे काम में एक हो जाएँ, समग्र हो जाएँ तो वही आपकी आदत हो जाएगी और धीरे-धीरे आप बुद्ध जैसे बनने लग जाएँगे। बचपन से जो कुछ हम देखते-सुनते हैं, अनुभव करते हैं, वे सभी हमारे संस्कार के रूप में अवचेतन मन का हिस्सा बन जाते हैं। जैसे बड़े को देखते ही नमस्कार करना, मंदिर को देखते ही झुक जाना जैसे अनेक संस्कार।

यह तो है डायरेक्ट (सीधे) संस्कार, जो आप स्वयं निर्मित करते हैं—दोहराकर। कई संस्कार इनडायरेक्ट (बगैर हमारी जानकारी के, रुचि के) हमारे अवचेतन मन में न चाहते हुए, न रुचि होते हुए भी बैठ जाते हैं और हमारे व्यवहार में

आ जाते हैं। जैसे कि आप मान लीजिए कि आप बहुत शरीफ लोग हैं। घर में जरा भी गाली-गलौज का प्रयोग नहीं होता, इसके बावजूद गालियों की ऊँची-ऊँची आवाजें आपके न चाहते हुए भी कान में जा रही होती है। अब किसी दिन आपका किसी के साथ कोई जबरदस्त झगड़ा हो गया तो आप अनजाने में वे सारी गालियाँ निकाल देंगे, जो आपका पड़ोसी देता है।

हमारे घर के पास सुबह-सुबह नियमित 5 बजे मंदिर में कुछ मंत्रोच्चारण शुरू हो जाते थे। हम छोटे थे तो हमारी नींद बाधित हो जाती थी। गुस्सा भी आता था कि काश, ये आवाज बंद हो जाए! उन मंत्रों को सुनने में हमें कोई रुचि नहीं थी; परंतु कान में तो रोज वे मंत्र नियमित जाते थे। आज 50 साल बाद भी जब मैं उन मंत्रों की पहली लाइन दोहराता हूँ तो मुझे पूरा मंत्र याद आ जाता है, जबकि मैंने कभी चाहकर याद नहीं किया। इस तरह हमारे न चाहने पर भी हमारी पाँच इंद्रियों से जो चीज बार-बार दोहराई जाती है, वह अनजाने में हमारे मन का हिस्सा बनती चली जाती है। इस तरह न जाने कितनी हजारों चीजें हम अपने अचेतन मन में भरते चले जाते हैं। आपके माँ-बाप, शिक्षक या आपके रिश्तेदार, जिनका आप पर बहुत प्रभाव होता है, आपके भीतर भी अकसर उनकी नकल देखने में आती है।

भीड़ की साइकोलॉजी का भी हमारे ऊपर इसी तरह प्रभाव पड़ता है। अगर आपका चेतन मन सशक्त नहीं है तो आप भी भीड़ का हिस्सा बन जाते हैं। जैसे सभी ने तालियाँ बजानी शुरू कर दीं और आप भी ताली बजाना शुरू कर देते हैं। बजाकर फिर पूछते हैं कि क्या बात हो गई ? भीड़ जय-जयकार कर रही है तो आप भी अनजाने में जय-जयकार कर जाएँगे। भीड़ 'भागो-भागो' चिल्ला रही है तो आप भी बिना सोच-समझे भागने लग जाएँगे। भीड़ चिल्ला रही है तो आप भी चिल्ला उठेंगे। भीड़ में आपका दिमाग कम, भीड़ का दिमाग ज्यादा चलता है। नियमित ध्यान, एकाग्रता का अभ्यास, चेतनता और साक्षी भाव ही इस बंधन बेहोशी को तोड़ सकते हैं।

दो-तीन साल का बच्चा स्कूल नहीं जाता, न ही कोई उसे बैठाकर भाषा की ट्रेनिंग देता है; लेकिन बच्चा अपने आप सुन-सुनकर आपकी ही भाषा सीख जाता है और वह पूरी भाषा उसी तरह साफ-साफ बोलता है, जैसा

आपका अपना लहजा है। यह इनडायरेक्ट प्रोग्रामिंग है।

टी.वी. के सारे विज्ञापन इनडायरेक्ट प्रोग्रामिंग करते हैं। आप भले चाहें, न चाहें, अगर आपके टी.वी. से या रेडियो से कोई विज्ञापन लगातार आपके कान में जाते हैं तो आप भी कभी-कभार गुनगुनाने लग जाते हैं। विज्ञापन के बोर्ड भी अवचेतन मन पर छाप छोड़ते हैं। हम पाँच इंद्रियों से ग्रहण किए हुए लाखों सूचनाओं के भंडार मात्र हैं।

अवचेतन मन सच और कल्पना में अंतर नहीं करता

चेतन मन में जैसे ही कल्पना करने लगते हैं, चाहे वह सकारात्मक हो या नकारात्मक, तुरंत हमारा अवचेतन मन विचारों के रूप में उत्पन्न हो रही संवेदनाओं को पकड़कर प्रतिक्रिया करना शुरू कर देता है। उसी के अनुसार हमारी बॉडी केमिस्ट्री एवं हार्मोन्स काम करना शुरू कर देते हैं। हमारी पूरी बॉडी केमिस्ट्री एवं हार्मोन्स ऑटोनोमिक नर्वस सिस्टम (Involuntary Nervous Systems) के नियंत्रण में है और ऑटोनोमिक नर्वस सिस्टम अवचेतन मन के नियंत्रण में है और अवचेतन मन हमारे चेतन मन के निर्देशन में है। इसका अर्थ यह हुआ कि हम चेतन मन में कल्पना पैदा कर हम अपने अवचेतन मन, ऑटोनोमिक नर्वस सिस्टम, ब्लड केमिस्ट्री एवं हार्मोन्स ग्रंथियों को सकारात्मक या नकारात्मक रूप से तुरंत प्रभावित कर सकते हैं।

हम इस शब्द को अच्छी तरह जानते हैं कि जब हम कोई भी सुखद कल्पना में जाते हैं, तुरंत हमारा शरीर शिथिल होने लगता है, हल्का आनंद अनुभव होने लगता है और जैसे ही हम किसी दुःखद या नकारात्मक

घटना की कल्पना करते हैं, हमारा शरीर तनाव और बेचैनी अनुभव करने लगता है। इस बात से हम समझ सकते हैं कि एक साधारण चाही या अनचाही कल्पना हमारे पूरे शरीर को अस्त-व्यस्त और प्रभावित करती रहती है।

कल्पना हल्की होती है तो उसका प्रभाव हल्का होता है। कल्पना के साथ अगर आपकी सकारात्मक या नकारात्मक भावना जुड़ जाए तो उसका प्रभाव अत्यंत प्रबल होता है। हमारे विश्वास या हमारे भय बहुत गहराई से अवचेतन मन और शरीर को प्रभावित करते हैं। यह इस बात पर भी निर्भर होता है कि किसी भी कल्पना को आप हल्के तौर पर लेते हैं या गहराई से, इसे उदाहरण से समझें। आप एक 20 मंजिल की इमारत की छत पर खड़े होकर नीचे झाँक रहे हैं, एक व्यक्ति को ऊँचाई से नीचे छोटी-छोटी चीजें देखकर आनंद आ रहा होता है। एक व्यक्ति जैसे ही यह कल्पना करता है कि कहीं मैं नीचे गिर गया तो? तुरंत उसके सारे शरीर में एक सिहरन-सी पैदा हो जाती है। हम वास्तव में गिरे नहीं, मात्र कल्पना ही कर रहे हैं; परंतु शरीर में कल्पना के अनुरूप आनंद या सिहरन शुरू हो जाती है। इसी तरह हमारी कल्पनाएँ हमारे जीवन को आबाद कर सकती हैं या बरबाद कर सकती हैं। आदमी है कि बैठे-बैठाए अजीबो-गरीब सकारात्मक या नकारात्मक कल्पनाएँ करता रहता है और अनावश्यक ही अपने शरीर के रसायन एवं हार्मोन्स को उथल-पुथल करता रहता है।

आइए, कल्पना के इन गहरे प्रभावों को थोड़े और उदाहरणों से समझें

मान लीजिए कि आपकी किसी के साथ जबरदस्त झड़प हो गई और आपका जबरदस्त अपमान हो गया तो आपका खून खौल उठा, ब्लड प्रेशर चढ़ गया, मुट्ठियाँ भिंच गईं, घटना समाप्त हो गई। अब आप घर लौटकर आ रहे हैं और फिर उस अपमान को याद करते हैं तो आपका शरीर फिर गरम होने लगता है, श्वास तेज चलने लग जाती है, दाँत भिंचने लग जाते हैं, मुट्ठियाँ जकड़ने लग जाती हैं। अब कोई सचमुच तो अपमान नहीं हो रहा है। आप तो केवल कल्पना मात्र कर रहे हैं; लेकिन आपकी कल्पना को अवचेतन मन तो सच मानकर पूरे रसायन और हार्मोन्स को प्रभावित कर रहा है।

सबसे बढ़िया उदाहरण खटाई का है। आपने बचपन में कभी कच्ची इमली, आम या खट्टा नींबू-आँवला खाया होगा। उसे खाते ही आपके मुँह में पानी आ गया था और रीढ़ की हड्डी में एक सिहरन-सी दौड़ गई होगी। अब आप किसी को ऐसी ही खटाईवाली चीज खाते देखते हैं तो तुरंत आपके मुँह में पानी आने लग जाता है और कइयों की पीठ में सिहरन-सी दौड़ पड़ती है। आपने तो केवल नींबू की कल्पना मात्र की, परंतु अवचेतन मन ने तो सच माना और तुरंत आदेश हो गया कि खटाई आ गई, पानी छोड़ दो।

आप अगर बैठे-बैठे ऐसे ही आँखें बंद कर कल्पना करते जाएँ कि आप किसी नींबू के बगीचे में घूम रहे हैं। चारों ओर हरे-हरे नींबू के पेड़ हैं। आपने एक नींबू तोड़ा और चाकू से काटकर पूरा-का-पूरा अपने मुँह में निचोड़ लिया। जैसे ही आपने निचोड़ा, आँखें खोल दें, आपके मुँह में पानी आ चुका होगा। हो सकता है, इस लेख को पढ़ते-पढ़ते आप कल्पना कर रहे होंगे तो आपके मुँह में अवश्य पानी आ रहा होगा। यह है कल्पना मात्र का अवचेतन मन पर अद्भुत प्रभाव!

मान लीजिए कि आप किसी के घर मेहमान बनकर गए। आपको बहुत स्वादिष्ट खीर पेश की गई। खीर आपको इतनी पसंद आई कि आप बार-बार तारीफ करते जा रहे हैं। अचानक एक छोटे बच्चे ने कह दिया कि इस खीर के कटोरे में तो कुत्ते ने मुँह मारा था। अब वह बात सच है या नहीं, पर आप तुरंत कुत्ते की कल्पना कर उबकाई व बेचैनी महसूस करने लग जाएँगे। जैसे ही बच्चा कहता है कि सॉरी अंकल, वह ये वाला नहीं, दूसरा कटोरा था, गलती हो गई, तुरंत आप आश्वस्त होकर राहत की साँस लेने लग जाते हैं।

घटनाएँ सचमुच हमारे रोजमर्रा के जीवन में घटें या न घटें, हम बैठे-बैठाए कल्पना कर अपने रसायन और हार्मोन्स को अस्त-व्यस्त करते रहते हैं और उससे रोग या अस्वस्थता पैदा करते रहते हैं। हम जितनी गहराई से पूरे विश्वास के साथ कल्पना करते हैं, उतना ही उसका गहरा प्रभाव हमारे शरीर पर पड़ता है। रामकृष्ण परमहंस बंगाल के प्रख्यात संत थे। उन्होंने सखी संप्रदाय के प्रयोग करने के लिए अपने आपको इतनी तन्मयता से स्त्री समझकर कृष्ण की आराधना करनी शुरू की कि तीन महीने के बाद उनके स्तन औरतों की तरह विकसित हो गए, चाल और आवाज भी स्त्रैण हो गई। यहाँ तक वर्णन है कि छह महीने बाद उनके मासिक धर्म भी शुरू हो गए थे। यह है अखंड विश्वास का अद्‍भुत प्रभाव!

अपने आराध्य देव की भावनाओं में आकर आग पर चलना, सुइयाँ चुभो देना, काँटों पर लेट जाना, काँच पर चलना, उबलते हुए तेल से पूड़ियाँ निकाल देना इत्यादि अनेक चमत्कार जैसे लगनेवाले करतब वास्तव में चमत्कार न होकर अवचेतन मन को दिए गए अटूट विश्वास के खेल मात्र हैं। राजस्थान के चित्तौड़गढ़ में 'बड़ी सादड़ी' नामक गाँव में हर दशहरे के मौके पर गाँव की सारी औरतों को अपने सतीत्व एवं शुद्धता की परीक्षा देनी होती है, जिसके लिए उन्हें खौलते हुए तेल में से 10-10 पूड़ियाँ हाथों से निकालनी होती हैं। आश्चर्य है कि प्रायः सभी महिलाएँ गरम-गरम खौलते हुए तेल से 10-10 पूड़ियाँ बड़ी आसानी से सहज ही निकाल देती हैं; क्योंकि उनके अवचेतन मन में यह अटूट विश्वास होता है कि हम पवित्र हैं तो हमारा हाथ जल नहीं सकता और सचमुच नहीं जलता। हमारा सशक्त भावनात्मक सुझाव अवचेतन मन बहुत गहराई से स्वीकार करता है और फलीभूत कर देता है।

कल्पना ही मार देती है या तार देती है

यह सचमुच में आश्चर्यजनक है कि मानव के जीवन में कोई भी घटना घटे या न घटे, मानव पहले ही उसकी कल्पना कर अपने अवचेतन मन, रसायन एवं हार्मोंस को सकारात्मक या नकारात्लक ढंग से पूरा प्रभावित कर रहा होता है। इसमें अधिकतर नकारात्मक विचार, भय, आशंका की

कल्पनाएँ ही होती हैं, अगर बच्चों को बचपन से भूत की कहानियाँ, फिल्में एवं व्याख्याएँ न बताई जाएँ तो वह 'भूत' नामक शब्द से या अँधेरे से कभी नहीं डरेगा; क्योंकि उसका वर्णन सुन चुका होता है, अत: उसकी कल्पना कर उसका निर्माण कर लेता है।

किसी ज्योतिषी ने अगर कह दिया कि सात दिन के बाद तुम्हारी मृत्यु निश्चित है तो अब हम मरें या न मरें, मृत्यु की कल्पना करते ही आपका चेहरा पीला पड़ जाता है, भूख मरने लग जाती है, वजन गिरने लग जाता है; क्योंकि अवचेतन मन तो आपकी गहरी कल्पना को सच मानने लगता है।

हिंदू धर्म में आस्था रखनेवाला व्यक्ति नियमित अपने देवताओं (हनुमान, दुर्गा, शिव या कृष्ण) की पूरी भावना से कल्पना करता है तो उसको सपने भी उसी भगवान् के आते हैं। उसे दर्शन भी यही देवता उसकी कल्पना में देते रहते हैं। जो हम अवचेतन मन को थोपते हैं गहरी भावना से, वही हमें दिखता है। अगर आप किसी गुरु के प्रति पूरी तरह समर्पित हैं तो आपको हर कदम पर आपके गुरु नजर आते रहेंगे, आपसे बात भी करेंगे।

लेकिन किसी मुसलमान को या ईसाई को आपके ये भगवान् या गुरु कभी नहीं दिखते। उनको अपने विश्वासवाले देवी-देवता ही दिखते हैं। चीनवाले को लंबी दाढ़ी व मूँछवाले भगवान् ही दिखेंगे तो जापानी को जापानी देवता। ऐसे हजारों उदाहरण दिए जा सकते हैं; क्योंकि हमें बचपन से जो अब तक दिखाया गया, सुनाया गया, उसी कंडीशनिंग के हम उत्पाद हैं और इस कंडीशनिंग को कोई तोड़ सकता है तो वह है केवल ध्यान, जागृति या साक्षी भाव।

हम वास्तव में स्वभाव से इतने कामुक नहीं होते। जैसे ही हम किसी स्त्री को देखते हैं और आप कामुकता की कल्पना करते हैं, तुरंत आपका शरीर गरम होकर उत्तेजित होने लगता है, जननेंद्रिय सख्त होने लगती है और अकसर लोग कल्पना कर इतने उत्तेजित हो जाते हैं कि स्खलन (डिस्चार्ज) भी हो जाता है। यह अपने आप में श्रेष्ठ उदाहरण है कल्पना-शक्ति का अवचेतन मन पर सशक्त प्रभाव डालने का।

हम फिल्म देखने जाते हैं। जैसे ही कोई अति भावुक दृश्य हम देखने लगते हैं, हम स्वयं रोने लग जाते हैं। चेतन मन में इस बात की जानकारी है कि मैं थिएटर में भीड़ के बीच बैठा हूँ, आपके पूरे भावों को रोने को अभिव्यक्त नहीं होने देता। लेकिन अगर आपको पता चले कि आप अकेले बैठे हैं तो आप खूब रो लेंगे। कोई पहाड़ से गिर रहा होता है तो आपकी श्वास एकदम रुक जाती है। अब सचमुच में वे घटनाएँ घट नहीं रही हैं। आप केवल कल्पना ही तो कर रहे हैं, लेकिन अवचेतन मन तो सच मानकर उसकी प्रतिक्रियाएँ करना शुरू कर देता है। अगर आप अनावश्यक कल्पनाएँ ही न करें तो अवचेतन मन चुपचाप बैठा रहेगा और सिर्फ ध्यान ही कल्पनाओं के तार तोड़ सकता है।

हमारा चेतन मन कैमरे का लैंस है और अवचेतन मन अंदर की फिल्म, जो चेतन मन अपने-अपने विश्वास एवं तर्क से चुनाव कर उसे दृश्य दिखाता है और उस पर क्लिक करता है। अवचेतन मन चुपचाप उस दृश्य को स्वीकार कर छाप लेता है।

चेतन मन माली है। वह जिस बीज का चुनाव कर अवचेतन मन को देता है, चाहे वह नीम का हो या आम का या फूल का या जहर का, अवचेतन मन अपनी खेती में बहुत बढ़िया फसल पैदा कर देता है। अवचेतन मन चेतन मन का गुलाम है। वह जो हुक्म करता है, अवचेतन मन 'जो हुक्म आका' कहकर फलीभूत कर देता है। वह ऐसा देवदूत है, जो आपके हर विचार व कल्पना को 'तथास्तु' कहकर उत्पन्न कर देता है। वह आपका जिन्न है। आप अपने गहरे विश्वास एवं कल्पनाओं से जो भी आदेश उसको देते हैं, वह ठीक उसी प्रकार आपके जीवन को बनाता या बिगाड़ता चला जाता है। अगर आप

कहते हैं कि स्मरण-शक्ति कमजोर है तो वह कहता है—हाँ मालिक, आपकी स्मरण-शक्ति कमजोर है। आप कहते हैं कि मुझे हर चीज पूरी-पूरी याद रहती है तो वह कहेगा, 'हाँ मालिक, आपको हर चीज पूरी-पूरी याद रहती है।' अगर आप कहते हैं कि मैं यह काम कर नहीं सकता या कठिन है, असंभव है।' तो अवचेतन मन कहता है, 'हाँ मालिक, आप यह काम नहीं कर सकते। कठिन है, असंभव है।' वह आपके चेतन मन की प्रतिध्वनि है, जो फेंकोगे वही लौट कर आता रहेगा।

बचपन से हमारे माता-पिता, रिश्तेदारों, मित्रों, समाज एवं गुरुओं से अनेक तरह के सही-गलत विचारों को ग्रहण कर लेते हैं और फिर कुछ अपने भी विचार साथ में जोड़कर अपने चारों ओर अपनी गलत धारणाओं की दीवारें खड़ी कर या तो जीवन को कमजोर व असफल कर देते हैं या सही धारणाओं द्वारा खिड़कियाँ खोलकर जीवन में सफलता के सूर्य को आमंत्रित कर देते हैं। और यह सब बेहोशी में होता है।

जिसके जीवन में काँटे-ही-काँटे और असफलताएँ हैं या कमियाँ रह गई हैं, उन्हें जल्दी और ज्यादा जागना जरूरी होता है। परंतु जिनके जीवन में सफलताएँ, समृद्धि, आनंद कदम चूम रहे हैं, वे जागकर और ज्यादा ऊँचाइयों को छू सकते हैं।

अवचेतन मन आपकी कामधेनु है, आपका जिन्न है, आपका कल्पवृक्ष है। सही माँगो तो सही देता है, गलत माँगो तो गलत दे देगा, जो चाहते हो जाने-अनजाने, वही आपको मिलता चला जाता है।

अमीरी-गरीबी हमारे अवचेतन मन के ही परिणाम हैं, क्योंकि दोनों की सोच में रात-दिन का फर्क हो जाता है। दोनों अलग-अलग ढंग से अपने अवचेतन मन का उपयोग करते हैं। गरीब आदमी हमेशा यह सोचता है कि उसके पास पैसा नहीं है, इसलिए उसको पैसे के लिए काम करना है। इस तरह वह अपने अवचेतन मन को यह धारणा देता है कि पैसे नहीं हैं, पैसे की कमी है।

अमीर आदमी की सोच अलग होती है। वह सोचता है कि वह पैसे के लिए काम न करे, बल्कि पैसा उनके लिए काम करे। इसलिए उसकी धारणा होती है कि थोड़े से दिमाग से पैसा कमाया जा सकता है। उन्हें पैसे-ही-पैसे दिखते हैं, कमी नहीं।

गरीब कहता है, 'यह मेरे सामर्थ्य से बाहर है।' इसके कारण उसके दिमाग का दरवाजा ही बंद हो जाता है और अवचेतन मन पर उसका कोई प्रभाव नहीं पड़ता। अमीर आदमी कहता है, 'मैं सामर्थ्य पैदा करूँगा।' और अवचेतन मन तुरंत सक्रिय होकर कार्य में लग जाता है।

अमीरी-गरीबी हमारी सोच की देन है। जो लोग धन में बुराई देखते हैं, वे हमेशा गरीब रहते हैं। गरीब या मध्यम वर्ग नौकरी, सुरक्षा, पेंशन, तनख्वाह में बढ़ोतरी जैसी चीजों को दिमाग में रखकर सदा दूसरों (बॉस, कंपनी, सरकार इत्यादि) पर निर्भर रहने की प्रोग्रामिंग करते हैं और अवचेतन मन को भय व लालच की धारणाएँ देते हैं। अवचेतन मन उन्हें ऐसे ही बनाकर एक सीमा में बाँध देता है।

अमीर हमेशा असुरक्षा में जीता है। वह हर क्षण कुछ-न-कुछ नया सोचता रहता है। उसकी अपनी क्षमता, आत्मबल और कभी न हारने की आदत ही उसकी सुरक्षा होती है। वह अवचेतन मन को यह धारणा देता है कि मैं बहुत कुछ कर सकता हूँ और अवचेतन मन उसकी धारणा के द्वारा सक्रिय रहता है।

सपने व कल्पनाएँ चाहे जो हों, अविश्वसनीय हों; परंतु कोई सपने और कोई कल्पना अवचेतन मन के लिए असंभव नहीं है। जीवन में सर्वोच्च सफलता के शिखर पर खेल रहे लोग अपनी कल्पना और सपनों को हजारों

बार देख चुके होते हैं, जिसे एक दिन अवचेतन मन सच कर दिखाता है। अवचेतन मन सिर्फ एक शब्द नहीं जानता और वह है—असंभव। वह कहता है—खूब सपने देखो, खूब कल्पनाएँ करो। मैं पूरी करने में तुम्हारी मदद करूँगा। आदमी है कि स्वयं कल्पनाओं और सपनों में सीमाएँ बाँध देता है और बहुत छोटी-छोटी, तुच्छ व मामूली सी आवश्यकताओं में बँधकर रह जाता है। जो लोग बड़ी कल्पनाएँ और सपने देखते हैं, वे उन्हें आज नहीं तो कल अवचेतन मन द्वारा अवश्य प्राप्त होती हैं। इसके सबसे बड़े उदाहरण हैं—हमारी चाँद पर जाने की कल्पना करना, उड़ती हुई कार की कल्पना करना, स्वयं का आकाश में पंख लगाकर उड़ जाना जो आज सत्य में परिणत हो चुके हैं और भविष्य में जो-जो आदमी गहरी कल्पनाओं, इच्छाओं और सपनों को देखता जाएगा, वह सब अवचेतन मन पूरा करता जाएगा। इन सारी सफलताओं का या उपलब्धियों का अगर कोई एकमात्र जिम्मेदार है तो वह है हमारा अवचेतन मन। एक युग था, जहाँ सपनों को प्रोत्साहन नहीं दिया जाता था। कल्पना करने का भी वातावरण नहीं था। इसलिए मानव का कई सदियों तक कोई अच्छा सराहनीय विकास नहीं हो पाया और आज मानव असीम सपनों, इच्छाओं और असंभव सी कल्पनाओं के जगत् में पहुँचकर नित नए-नए जीवन के हर स्तर में नए-नए आविष्कार पहले से और बेहतर—और अधिक बेहतर खोजता चला जा रहा है। आज का यह आधुनिक संसार हमारी कल्पनाओं, सपनों और इच्छाओं का ही प्रतिफल है। हमारी अद्भुत मानसिक और मानवीय क्षमता का प्रदर्शन है। इसलिए कल्पना को मामूली चीज न समझें। यह किसी भी नकारात्मक या सकारात्मक कार्य को शत-प्रतिशत संभव कर सकती है। एक चीज चाहे जितनी अच्छी हो, जिसे देखकर आपका दिल खूब खुश हो रहा होता है, जैसे ही कोई उससे अच्छी चीज सामने आती है तो तुलना का स्केल आपके सामने आ जाता है, जो पहले नहीं था और आप कल्पना में पहली को निष्कृष्ट (जिसे आप अभी-अभी बहुत अच्छा समझकर खुश हो रहे थे) और दूसरी को उत्कृष्ट रूप में देखने लगते हैं और वह उत्कृष्ट आपको अभी हासिल नहीं हो पा रहा है तो आप पहलीवाली वस्तु से सिर्फ उत्कृष्ट वस्तु की कल्पना के कारण तुलना के कारण खुश नहीं होंगे।

आप दिल को झूठी तसल्ली दे रहे होते हैं। इस तरह हमारी कल्पनाएँ हमें हर पल सुखी या दुःखी करती रहती हैं। कल्पनाओं के कारण ही हम जीवन के हर रिश्ते, हर पल, हर घटना का माप-तौल करते रहते हैं। हमारे सुख-दुःख का कारण बैठे-बिठाए कल्पना करते रहना है। आपका वर्तमान जीवन जैसा भी होगा; परंतु आप जैसे ही किसी खास तरह के जीवन की कल्पना करते है, तुरंत आपका अच्छा-खासा जीवन आपको भारी लगने लगता है। आप असंतुष्ट होकर बेचैन और उदास हो जाते हैं; जबकि वास्तविक स्थिति में कोई परिवर्तन नहीं हुआ। सारा परिवर्तन केवल कल्पना के स्तर पर ही है। इस तरह हम समझ सकते हैं कि हमारा अधिकतर जीवन कल्पना-आधारित अधिक है और सत्य-आधारित कम।

किसी की मृत्यु की खबर सुनकर पहले हम कल्पना ही करते हैं, भले ही उसकी मृत्यु सचमुच हुई या नहीं—और तुरंत गहरी भावनाओं के प्रभाव को अवचेतन मन सच मानकर गंभीर प्रतिक्रियाएँ करने लग जाता है। और जैसे ही आपको यह कहा जाए कि वह आपका नहीं किसी और का रिश्तेदार था, तुरंत आपका मन फिर अपने रिश्तेदार के बारे में सुरक्षित होने की, जीवित होने की कल्पना करता है। और अवचेतन मन सारी प्रतिक्रियाएँ रोककर, तुरंत आश्वस्त होकर शिथिल होने की प्रतिक्रिया करने लग जाता है। यहाँ समझने की बात यह है कि कोई भी घटना आँखों के सामने नहीं घटी। हमने सिर्फ कल्पना मात्र ही की और अवचेतन मन चुपचाप अंधा बनकर आपकी हर कल्पना का सच मानकर प्रतिक्रिया करता रहा।

सच्ची श्रद्धा या अंध श्रद्धा की कल्पना के द्वारा ही अवचेतन मन असंभव कार्य को संभव कर पाता है। इसी कारण लोग आग पर बगैर जले आसानी से चल पड़ते हैं। जीभ में, शरीर में सुइयाँ घुसेड़ देते हैं।

बड़े-से-बड़ा कष्ट बड़ी आसानी से सह लेते हैं, लंबा उपवास कर लेते हैं, मीलों तक चल पड़ते हैं, वैष्णो देवी जैसी लंबी चढ़ाई चढ़ जाते हैं, बर्फ जैसे ठंडे पानी में डुबकी लगा जाते हैं, नंगे बदन बर्फीली पहाड़ियों में मजे से रह जाते हैं। सती पति की चिता के साथ जल जाती है। हम किसी भी चीज को मानकर अवचेतन मन को चेतन मन द्वारा कल्पना द्वारा जितनी गहरी छाप देते हैं, अवचेतन मन ठीक उसके अनुसार आपके शरीर में वैसा ही परिवर्तन ले आता है। अकसर कई लड़कियाँ अपने आपको लड़के की तरह समझने लग जाती हैं। तब उनके हार्मोन्स, चेहरे के हाव-भाव, चाल-ढाल, बोलचाल सब मर्दाना जैसे हो जाते हैं।

हम दुःखद घटनाओं, अपमान, निराशा या गलतफहमियों को बार-बार कल्पना में लाकर डायबिटीज (शुगर), कैंसर, रक्तचाप या संधिवात जैसी बीमारियाँ बैठे-बैठाए बड़ी आसानी से पैदा कर सकते हैं। तनाव-विरोधी परिस्थितियाँ तो मात्र कुछ क्षणों के लिए पैदा होती हैं, परंतु आप उसको 24 घंटे कल्पना द्वारा 100 गुना बढ़ाकर अपने आपको खतरनाक नुकसान पहुँचा रहे होते हैं। चोर पकड़ने में भी अवचेतन मन का ही उपयोग किया जाता है। यह कहकर कि जिसने चोरी की है, कच्चे चावल खाते ही उसके मुँह से खून निकल आएगा। इससे चोर अपने भीतर चोरी की कल्पना करने लग जाता है और उसके मुँह से खून निकलने की संभावना बढ़ जाती है।

□

6

अवचेतन मन के बिना कोई मंत्र काम नहीं करता

मंत्र की सारी सफलता अवचेतन मन पर निर्भर रहती है। संसार के सारे मंत्र चाहे जिस भाषा के हों, अवचेतन मन के कारण ही काम करते हैं। आप जिस चाहे भाषा में मंत्र का जाप कर लें, उससे कोई फर्क नहीं पड़ता। भाषा चेतन मन तक ही प्रभावित करती है। गहरे में जो हमारा आंतरिक भाव (इंटेंशन) होता है, अवचेतन मन तो उसी से प्रभावित होकर उसे सच मानकर ठीक वैसी ही ऊर्जा को ब्रह्मांड से आकर्षित करने लग जाता है। शब्दों में या भाषा में कोई शक्ति नहीं होती। भाव में शक्ति होती है। इसलिए हर धर्म के, हर भाषा के, हर मंत्र काम करते नजर आते हैं। अगर आप लड्डू को मनोकामना-पूर्ति करनेवाला भगवान् मानकर लड्डू-लड्डू जपते चले जाएँगे तो 'लड्डू' शब्द भी वही काम कर जाएगा, जो 'राम-राम' या 'अल्लाह-अल्लाह' शब्द काम करता है। इसी कारण हर धर्म के अलग-अलग भगवानों के नाम आपकी स्वीकृति एवं श्रद्धा के कारण काम करते नजर आते हैं।

अगर आप किसी भी यंत्र या भगवान् को सिर्फ चेतन मन से जपते हैं या मानते हैं तो उसका कोई भी प्रभाव अवचेतन मन पर नहीं पड़ता। सारी साधनाएँ, सारी सिद्धियाँ, सारी सफलताएँ, सारी उपलब्धियाँ अवचेतन मन के कारण होती हैं, जिसे हम 'ईश्वर की कृपा' जैसे शब्दों से अलंकृत कर दिल को तसल्ली दे देते हैं। ईश्वर आपके असफल या सफल होने में कोई रुचि नहीं

रखता। वह कहता है कि जीवन को श्रेष्ठतम बनाने के मैंने सारे साधन जुटा दिए हैं। चाहे तो अपने आपको आबाद कर दो या बरबाद कर दो, चुनाव तुम्हारा है। ईश्वर तो कानून बनाकर सो गया। प्रकृति के नियमों को जाननेवाला जीत जाता है। इन नियमों के प्रति बेहोश रहनेवाला हार जाता है। सच पूछा जाए तो संसार में ईश्वर की मरजी चलती ही नहीं है। ईश्वर के बनाए हुए कानून की मरजी चलती है। अगर ईश्वर की मरजी चलती तो ये सारे भेदभाव, ऊँच-नीच, जाति-पाँत, गरीबी-अमीरी, असफलताएँ-सफलताएँ, शत्रुता-मित्रता जैसे शब्द ही नहीं पैदा होते। ये शब्द मानवकृत हैं, ईश्वरकृत नहीं हैं। अवचेतन मन की शक्तियों और उसके कार्य को समझकर ईश्वर की मरजी, भाग्य, संयोग, चमत्कार जैसे शब्द हम हमेशा के लिए अपने जीवन से निकालकर फेंक देते हैं।

□

7

हमारे भाग्य का सच्चा निर्माता अवचेतन मन

इस संसार में हमारे भाग्य को बनाने में ईश्वर को कोई रुचि नहीं है। हम जाने-अनजाने में अपना सौभाग्य या दुर्भाग्य निर्मित करते हैं। हम स्वयं आकर्षित करते हैं अपने लिए सुखद या दुःखद संयोग। हम चेतन मन द्वारा जिन-जिन विचारों व भावों को अपनी तर्कसंगत बुद्धि द्वारा महत्त्व देकर उसकी तरंगें हर पल निर्मित करते चले जाते हैं, वही संस्कार के रूप में हमारी आत्मा के चारों ओर टेप रिकॉर्ड की तरह टेप हो जाती है। इसी टेप को हम अवचेतन मन कहते हैं। आत्मा तो आपके संस्कारों का वाहक है। संस्कार अच्छे हैं या बुरे हैं, आत्मा को कोई फर्क नहीं पड़ता। जो व्यक्ति अच्छे या बुरे सभी संस्कारों को समाप्त कर देता है, उसे हम बुद्ध या महावीर कहते हैं। इसलिए जब हम चेतन मन को बेहोश कर पूर्व जन्म में ले जाते हैं तो अवचेतन मन में सारी घटनाएँ व यादें मौजूद रहती हैं और हम प्रत्यक्षतः मन की आँखों से देख सकते हैं। हजारों लोगों को मैं पूर्वजन्म में ले जाकर इस सत्य को सिद्ध कर चुका हूँ।

भाग्य का अर्थ है—अब तक आपने जो कमाया, जाने-अनजाने, होश में, बेहोशी में—उसका प्रतिफल और भविष्य का भाग्य आपके बेहोश और होश पर निर्भर है। अगर आप होश में आ गए तो आप अपनी इच्छा-शक्ति द्वारा वर्तमान का कर्म बदल सकते हैं और भविष्य को ठीक अपने मन के

अनुसार बना सकते हैं और अगर आप बेहोश ही रह गए तो भविष्य आपकी मरजी अनुसार न बनकर बेहोशी में पड़े रहे एक-एक पल कर्म के अनुसार स्वयं बनता चला जाएगा। इसलिए भविष्य हमारे हाथ में होता है, ईश्वर के हाथ में नहीं। बुद्ध और महावीर जैसे लोग अपना भविष्य ही पूरी तरह समाप्त कर देते हैं, क्योंकि वे क्रिया-विहीन हो जाते हैं।

□

8

अवचेतन मन के संस्कारवश संयोग एवं आत्माओं का आकर्षण

इस संसार में संयोग स्वयमेव कभी नहीं घटते और न अजीबो-गरीब संयोग घटाने में ईश्वर की कोई रुचि है। आप अपने अवचेतन मन पर जो संस्कार की छाप छोड़ते हैं, ठीक उसके अनुसार सुखद या दुःखद संयोग आपके जीवन में नियमानुसार आकर्षित या विकर्षित होते रहते हैं। हमारा हर बुरे कर्म का संस्कार, जो हमारे अवचेतन मन में रहता है, वही अच्छे या बुरे लोगों को आपके जीवन में ले आता है या दूर कर देता है। इसका निर्णय ईश्वर नहीं करता। हमारा संपूर्ण जीवन अवचेतन मन का प्रतिफल है, इसलिए अध्यात्म विज्ञान की यहाँ पर जरूरत पड़ती है कि हम प्रकृति के नियमों के प्रति जगकर होश में आ जाएँ और पूर्ण जागरूकता के साथ जीवन जीकर अपनी मरजी के अनुसार जैसा चाहे—व्यक्ति, परिस्थिति, भाग्य, संयोग एवं भाव को अपने जीवन में आकर्षित कर लें।

सारा दिन ईश्वर का नाम लेते रहना, उसकी खुशामद करते रहना, उसके पीछे भागते रहना, उसके भय में जीते रहना, उसके नाम पर मंदिर-मसजिद खड़े कर देना, सारा दिन उससे माँगते रहना, उसे इच्छा-पूर्ति का साधन बनाना, उसके नाम पर अरबों-खरबों रुपयों को बरबाद कर देना, देश व मानव और विज्ञान के विकास में धनराशि न लगाकर सारा धन ईश्वर के नाम पर लुटा देना 'होइ है वही जो राम रचि राखा' कहकर भाग्यवादी बनकर बैठ जाना जैसी चीजों का दूर-दूर से भी कोई आध्यात्मिकता का लेना-देना नहीं है। ये सभी अध्यात्म के नाम पर चल रहे अंधविश्वास, भ्रम, अज्ञानता और सच्चे मार्ग से भटकाव के प्रतीक हैं। ये सभी एक बेहोशी में जी रहे व्यक्ति की आध्यात्मिक बेवकूफियाँ हैं।

आप व हम सैकड़ों तरह के अलग-अलग तरह के जो देवी-देवता या भगवान् को मानते हैं, वे सभी अवचेतन मन के खेल हैं। ध्यान और सजगता हमें इन सारे बंधनों, अवचेतन मन से मुक्त कर देता है। अगर कोई संत-महात्मा भी कर्मकांडी बना हुआ है तो समझ लेना कि अभी तक वह अवचेतन एवं चेतन की दीवारों को भेद नहीं पाया है। अभी भी वह कपड़ों में, तिलकों में, भस्मों में, रुद्राक्ष में, स्फटिक में, रत्नों में, बाहरी अवलंबनों में, अलग-अलग तरह की वेशभूषाओं में, दाढ़ी में, जटाओं में बँधा हुआ है। अवचेतन मन के विज्ञान को जाननेवाला ज्ञानी इन सबकी निरर्थकता को पहचानकर इनसे मुक्त हो जाता है और वह सहज हो जाता है।

□

9

सारे तंत्र, मंत्र, यंत्र, तावीज अवचेतन मन के खेल हैं

किसी भी तंत्र, मंत्र या तावीज में कोई अपनी शक्तियाँ नहीं होतीं। इन सभी में हम अपने स्वयं के विश्वास पैदा कर, इन्हें स्वीकृत कर अवचेतन मन को एक काल्पनिक विश्वास देते हैं, जिसके कारण ये सभी काम करते नजर आते हैं। हर धर्म के अलग-अलग तंत्र, मंत्र व तावीज हैं। किसको तुम सही मानोगे। हिंदू के अलग तो मुसलिम के बिल्कुल अलग; जैन के अलग तो क्रिश्चियन के अलग और मजेदार बात यह है कि सभी यंत्र, मंत्र, तावीज मानव-निर्मित हैं हर मानव अपनी भावनाओं द्वारा इनमें एक विशेष तरह का प्रभाव पैदा कर सकता है। हमारी भावनाओं की तरंगें किसी भी वस्तु को शक्तिशाली रूप से तरंगित कर सकती हैं और यह क्षमता मानवीय है। ईश्वर की मूर्ति और तंत्र, मंत्र व ताबीज में कोई शक्ति नहीं होती, जैसे ही तुम इन्हें श्रद्धा से देखते हो या स्वीकार करते हो तो तुम्हारी भावनात्मक तरंगों के आदान-प्रदान से ये वस्तुएँ तरंगित हो उठती हैं, चाहे वह सामान्य भस्म हो या कपड़ा हो।

किसी पुस्तक की दुकान में रखी हुई पुस्तकें—गीता, गुरुग्रंथ साहिब आदि सामान्य पेपर पुस्तकें हैं। श्रद्धा से, आँखों से देखने से या माथा झुकाने मात्र से उनमें ईश्वरीय ऊर्जा का आभास मिलने लग जाता है। जिस वस्तु को हम श्रद्धा से देखते हैं, उसमें ईश्वर पैदा हो जाता है। जिस यंत्र, तावीज या

मंत्र में हम श्रद्धा पैदा कर देते हैं, उसमें शक्ति पैदा हो जाती है।

जब भी तुम किसी यंत्र, मंत्र या तावीज का उपयोग करते हो तो निश्चित ही एक सुरक्षा या सफल होने की कल्पना करते हो, एक सकारात्मक विश्वास पैदा करते हो। जितना गहरा विश्वास तुम्हारे अवचेतन मन पर पड़ेगा, उतनी ही सफलता प्राप्ति की संभावनाएँ बढ़ जाएँगी। यंत्र, तावीज या मंत्र से कोई घटना नहीं घटती, घटती है तो सिर्फ आपके भीतर एक सकारात्मक कल्पना, जिसको अवचेतन मन स्वीकार कर फलीभूत करने लग जाता है। यंत्र-तंत्र-मंत्र तावीज फेल भी होते हैं तो आप ही के कारण और सफल भी होते हैं तो आप ही के कारण।

□

10

कल्पना से बदल सकते हैं अपना संपूर्ण जीवन एवं भविष्य

इसी कल्पना की शक्तियों द्वारा आज हम बदल सकते हैं—अपनी हर आदत, स्वभाव, गुणवत्ता, व्यक्तित्व और बना सकते हैं अपने आपको, जैसे हम चाहें। हम आज वही हैं, जैसा हमने अपने आपको कई जन्मों से तथा इस जन्म में प्रोग्राम किया है और कल हम वही होंगे, जो आज प्रोग्रामिंग करेंगे। जिस तरह खाली टेप रिकॉर्ड में जब हम कोई गाना भरते हैं तो वही गाना दुबारा बज उठता है और जब तक उसमें आप नया गाना नहीं भरते, वही गाना बजता रहता है। ध्यान रहे टेप रिकॉर्ड स्वयं बैठे-बैठाएं गाना नहीं भरता। आप जो भरते हैं, उसको ग्रहण करता रहता है। हम यह भी जानते हैं कि जैसे हम दूसरा गाना जान-बूझकर भरने की कोशिश करते हैं तो पुराना गाना मिटता चला जाता है और नया गाना टेप होता चला जाता है, ठीक इसी तरह हम अपने अवचेतन मन के साथ भी कर सकते हैं। हम जैसे चाहे, गाना टेप में भर सकते हैं और जिंदगी भर वही गाना टेप रिकॉर्ड को बजने के लिए मजबूर कर सकते हैं।

जो विशेष क्वालिटी अपने अंदर डालना चाहते हैं, डाल सकते हैं, असंभव कार्य कर सकते हैं, जीवन भर बुढ़ापे को टालकर जवान बने रह सकते हैं, अरबों-खरबोंपति बन सकते हैं, बड़ी-बड़ी रचनाएँ कर सकते हैं, असीम ऊर्जा से भर सकते हैं, हर पल मस्ती में जी सकते हैं, जागरूकता

का विकास कर सकते हैं। बुद्ध बन सकते हैं, हर पल प्रेममय हो सकते हैं; अनासक्त, समता, साक्षी भाव, स्थितप्रज्ञता जैसे उच्च भावों में जी सकते हैं। हर पल आनंद के महासागर में गोते खा सकते हैं। जी हाँ, ये सभी संभव है, बड़ी आसानी से 30 दिन के भीतर-भीतर।

पुराने युग में अवचेतन मन के विज्ञान की सही जानकारी के अभाव में सालों-साल तक संत, योगी, महात्मा इसको जीतने के विभिन्न प्रयास करते रहते थे। आज सैकड़ों अलग-अलग तरह की जिन साधनाओं का विकास हुआ, वे सब इस अवचेतन मन के साथ लड़ने के ही परिणाम हैं; इसका नियंत्रण करने की ही साधनाएँ हैं। अवचेतन मन की प्रतिक्रियाओं को और उसके द्वारा अनेक असंभव कार्यों को घटित देखकर पुराने साधक इसे ईश्वरीय इच्छा, ईश्वरीय चमत्कार या फल की संज्ञा दे देते थे। परंतु आज हम इस अवचेतन मन के रहस्यमय, अदृश्य, अनंत शक्तिशाली विज्ञान को जानकर कुछ भी हासिल कर सकते हैं; असंभव को संभव कर सकते हैं।

जिन साधनों के करने से हम समझते थे कि कोई विशेष देवता प्रसन्न होते हैं, वह विशेष देवता और कोई नहीं, बस, केवल हमारा अवचेतन मन है। 33 करोड़ देवताओं की सारी शक्तियाँ अवचेतन मन के पास हैं। अवचेतन मन ही आपका शिव, हनुमान, राम, दुर्गा, काली, भैरव, लक्ष्मी, सरस्वती या गायत्री है। आप चाहे जिसको पकड़ लो, जिसको चाहे ध्या लो, फल तो अवचेतन मन ही देता है। इन सबके पीछे एक ही परम शक्ति काम करती

है, वह है आपका किसी भी ईश्वर पर श्रद्धा, कल्पना और विश्वास। अब ईश्वर का स्वरूप चाहे जो हो, किसी भी धर्म का हो, उससे कोई फर्क नहीं पड़ता। इसलिए सभी तरह के भगवान्, सभी धर्मों के यंत्र, तंत्र, मंत्र, तावीज, टोटके काम करते नजर आते हैं।

ईश्वर कोई व्यक्ति नहीं है। संपूर्ण ब्रह्मांड में फैली हुई इस ऊर्जा को, इस सत्ता को, इस संचालन को, जो एक विशेष, ठोस व अटूट नियमों के अंतर्गत चलायमान है, उसी को हम ईश्वर कहते हैं। संपूर्ण ब्रह्मांड लाखों-करोड़ों तरह की विविध ऊर्जाओं का सागर है। मानव जब अपने सपनों, इच्छाओं, कल्पनाओं के बीज अपने भीतर पैदा करने लगता है और उसके साथ अपने प्रबल भाव आत्मा को जोड़ने लगता है तो कौन है इस संसार में, जो न इन तरंगों को समझता है या उससे प्रभावित होता है ? न कोई ईश्वर और न कोई ब्रह्मांड की अन्य कोई शक्ति; बस, सिर्फ एकमात्र आपका अवचेतन मन इन तरंगों से प्रभावित होता है और अवचेतन मन जैसे ही प्रभाव में आता है, वह अपने स्वभाव के अनुसार उन तरंगों को ब्रह्मांड में फेंक देता है। ठीक उन्हीं तरंगों से संबंधित ऊर्जा अपने स्वभाव के अनुसार अपनी ओर आकर्षित करने लग जाती है। प्रकृति का यह नियम है कि समान ऊर्जा समान ऊर्जा को ही आकर्षित करती है। हमें यह समझना अत्यंत आवश्यक है कि कोई इस संसार में देता-लेता नहीं है। किसी को आप में कोई रुचि नहीं है। आप चाहें तो इच्छाएँ, सपने, कल्पनाएँ

पैदा कर लें और फेंक दें ब्रह्मांड में और आप चाहें तो सीमित होकर दिमाग को बंद कर, संतुष्ट होकर बैठ जाएँ अपने घर में, कोई फर्क नहीं पड़ता। नवीन रचनाओं के एवं कृतियों के सबसे पहले रचयिता हम हैं, ईश्वर नहीं। ईश्वर तो पानी है। आपके सपने, इच्छाएँ, कल्पनाएँ आपके बीज हैं। (ईश्वर) पानी चाहे जितना है, पर किस काम का? जब तक तुम्हारे भीतर बीज ही नहीं होगा तो पानी का क्या लाभ? पानी अपने आप कुछ नहीं कर सकता। एक समय था, मानव के पास अत्यंत सीमित कल्पनाएँ, इच्छाएँ और सपने थे, इसलिए बहुत सीमित वह ब्रह्मांड से खींच पाया। हमारी कल्पनाएँ, इच्छाएँ, सपने असीमित होते जा रहे हैं तो ब्रह्मांड उसके अनुसार फल देता जा रहा है। मानव अपने सभी सपनों को साकार करने में आज नहीं तो कल पूरी तरह सक्षम होगा, क्योंकि यह ब्रह्मांड अनंत ज्ञान, शक्तियों का भंडार है; लेनेवाला, माँगनेवाला, लूटनेवाला बहुत ही छोटा पड़ रहा है। इसलिए मैंने इसे कुछ इस तरह व्यक्त किया है—

''हमसे ज्यादा ईश्वर ने हमारा किया विचार है।
खूब लुटाने बैठा वो, लूट लो जो तैयार है॥''

इन सारे खजानों को चुराने का एजेंट, प्रतिनिधि या मुख्य जिम्मेदार है तो वह है हमारा अपना अवचेतन मन। जब तक आप अपने प्रबल भाव, आत्मा या आग से गहरी विश्वसनीय (अटूट विश्वासवाली) कल्पनाओं से इस अवचेतन मन को प्रभावित नहीं कर सकेंगे, तब तक ब्रह्मांड में इसका संदेश प्रवाहित नहीं होगा और ब्रह्मांड में अनंत शक्तियों के ज्ञान का भंडार होने के बावजूद अवचेतन मन के सही प्रभाव में न आने के कारण हम कुछ भी नहीं कर पाएँगे। इसलिए हमें अवचेतन मन को शक्तिशाली ढंग से प्रभावित करने की कला को सीखना होगा।

□

11

वर्तमान से बनता है आपका भविष्य

इस संसार में भविष्य का अपना कोई अस्तित्व नहीं है। भविष्य वर्तमान का बेटा है। वर्तमान में डाले गए बीज के अनुसार भविष्य आकार लेने लगता है। बीज कैसे हैं, कड़वे या मीठे, पॉजीटिव या नेगेटिव, इससे अवचेतन मन या ब्रह्मांड को कोई फर्क नहीं पड़ता। वह तो हर चीज का पानी डालकर पूरा-का-पूरा वृक्ष के रूप में खड़ा कर देगा। आज हर व्यक्ति अपने वर्तमान का उत्पाद (बायप्रोडक्ट) है। आपके द्वारा हर पल डाले जा रहे सही या गलत—एक-एक विचार, भावनाओं, क्रियाओं एवं प्रतिक्रियाओं का प्रभाव अवचेतन मन में जाने या अनजाने, होश में या बेहोशी में पड़ता चला जाता है और अवचेतन मन चुपचाप इन प्रभावों को स्वीकार कर ब्रह्मांड में वैसा ही भविष्य निर्मित करता चला जाता है। संसार के अधिकतर सभी लोग बेहोशी में अपना भविष्य बनाए चले जाते हैं। अवचेतन मन तो टेप रिकॉर्ड की तरह एक-एक प्रतिक्रिया को, विचार को, भावों को टेप करता रहता है। भविष्य में इन्हीं प्रतिक्रियाओं का प्रतिबिंब रहता है। ध्यानी (जागा हुआ पुरुष) हर पल के प्रति होशपूर्ण, जागरूक होने के कारण अपनी मरजी के अनुसार बीज डालता है या नहीं डालता है और अपनी मरजी के अनुसार भविष्य का निर्माण करता है। भविष्य तो बेहोश लोगों के लिए होता है। होशपूर्ण जागरूक पुरुष के लिए कोई भविष्य नहीं होता। उनके लिए तो सिर्फ वर्तमान होता है। 'अतीत' और 'भविष्य' जैसे शब्द हमेशा के लिए उसके लिए समाप्त हो जाते हैं।

इसलिए मानव जो चाहे आध्यात्मिक साधना कर ले, जब तक वह चेतन-अवचेतन के भेद को नहीं पहचानता, वर्तमान के प्रति सजग नहीं होता, तब तक अध्यात्म के नाम पर की जा रही उसकी सारी साधनाएँ व्यर्थ हैं। सारी आध्यात्मिक साधनाओं का एक ही निचोड़ है—प्रकृति के नियमों के प्रति जाग जाना, होशपूर्ण हो जाना, सत्य के साथ एक हो जाना। इसलिए जो लोग अपना भविष्य अपनी मरजी के अनुसार बनाना चाहतें हैं, उन्हें हर पल चिड़चिड़ेपन के, कुढ़ते रहने के, क्रोध करने के, निंदा करने के, तनाव लेने के, परेशान रहने के, भयभीत रहने की गलत आदतों को छोड़ना पड़ेगा और उन्हें आनंद के बीज, मस्ती के बीज, प्रार्थना के बीज, प्रेम व करुणा के बीज, उत्सव के बीज, संगीत-नृत्य के बीज, समता के बीज बोना होगा; तब जाकर उनका भविष्य ऐसा उत्सवपूर्ण होगा, जिसे संसार की कोई ताकत, कोई कानून, कोई ईश्वर रोक नहीं सकता।

अपने आपको ध्यान से परखें कि 24 घंटे आप हर पल अनावश्यक बैठे-बैठाए कहीं नेगेटिव चीज तो नहीं डाले जा रहे हैं और यह तभी संभव होगा, जब आप दिन भर साक्षी भाव से अपना निरीक्षण करेंगे। पहचानने के बाद फिर आप हर पल आनंद के बीज डालें। आनंद के बीज डालने का अर्थ यह है कि आप जो भी सुबह से लेकर रात तक क्रियाएँ करेंगे, जैसे—चाय पीना, भोजन करना, नहाना, ऑफिस का कार्य करना, रसोईघर का कार्य करना, कार चलाना इत्यादि—गुनगुनाते हुए करें, प्रार्थनापूर्वक करें, पूजा की तरह करें, उत्सवपूर्ण

होकर करें। हो सकता है, उस कार्य में कोई आनंद न हो, फिर भी उसे मजे से ही कर डालें; क्योंकि आनंद से नहीं किया, चिढ़ते हुए या बेमन से किया, नीरसता से कर लिया तो आपका गलत बीज पड़ता चला जाएगा। इसलिए जब वर्तमान स्वर्ग होता है तो भविष्य स्वर्गमय हो ही जाता है। मरने के बाद कोई स्वर्ग में नहीं जाता। लोग व्यर्थ ही सबके आगे मृत्यु के बाद 'स्वर्गवासी' शब्द लगा देते हैं। स्वर्ग तो बेहोश, अज्ञानी, मूर्खों की मृग-मरीचिका है। उनका स्वर्ग हमेशा भविष्य में होता है और होशपूर्ण ध्यान का स्वर्ग हमेशा वर्तमान में होता है और वर्तमान को स्वर्ग बनाने का एकमात्र उपाय है कि हर कृत्य पूरी मस्ती, प्रार्थना, उत्सव, पूजा, कृतज्ञतापूर्वक करो—और कोई चारा भी नहीं है। चूक गए तो चूक गए, जी लिये तो जी लिये, संसार में किसी को फर्क नहीं पड़नेवाला। वर्तमान तुम्हारा है, जैसा चाहे बनाओ—चिड़चिड़ा या मस्ती भरा। चुनाव तुम्हें करना है। आज तक तुम चूकते आ रहे हो तो क्या फर्क पड़ा ? कल भी तुम चूकोगे तो किसको फर्क पड़ेगा ? जागना है तो जागो, बेहोश रहना है तो बेहोश रहो, अवचेतन मन तो आपकी हर पल की क्रियाओं-प्रतिक्रियाओं के अनुसार आपको फल देता रहेगा।

□

12

ईश्वर-दर्शन अवचेतन मन का खेल है

भारत ही नहीं, विश्व की अधिकतर सभी पौराणिक कथाओं में जिन जिन लोगों ने ईश्वर की आराधना की या कट्टर ईश्वर-भक्त रहे जैसे—मीरा, चैतन्य, रामकृष्ण परमहंस इत्यादि महात्मागण—उन्हें ईश्वर के दर्शन हुए, ऐसा वर्णन है और आज भी लाखों अपने-अपने ईश्वर-भक्त चाहे जिस देवी-देवता या परमात्मा या गुरु को मानते हैं, उन्हें उनके ईश्वर या गुरु दर्शन देते हैं और मिलते हैं, बातचीत करते हैं, उनका मार्गदर्शन तक करते हैं। उन्हें दुर्घटनाओं, नकारात्मक ऊर्जाओं से तथा संकटों से बचाते हैं। क्या सचमुच में ऐसा होता है? और होता है तो क्या विज्ञान इसके पीछे कार्य करता है? आइए, इसे गहराई से समझें।

संसार के हर धर्म व संप्रदाय में ईश्वर के दो स्वरूप माने जाते हैं—साकार

एवं निराकार। दोनों श्रद्धा एवं विश्वास पर आधारित हैं। आपकी जैसी श्रद्धा या विश्वास है, इससे अवचेतन मन को कोई फर्क नहीं पड़ता। वह तो हर श्रद्धा एवं विश्वास के गहरे भावों को या विचारों को पकड़कर उसके अनुसार फल देने लग जाता है।

एक अपने मन को अटूट विश्वास देता है कि दुर्गा, काली, गणेश, शंकर, हनुमान जैसे भगवान् सचमुच इस संसार में हैं तो वह दिन-रात उनके बारे में सोचता है, कल्पना करता है, उनके अस्तित्व को स्वीकार करता है तो चेतन मन इस भाव को गहराई से स्वीकार कर उसके आभामंडल के उसके द्वारा 24 घंटे जपी जा रही कल्पना को परत-दर-परत इकट्ठा करता चला जाता है। आप जब भी आँखें बंद करते हैं, सपने देखते हैं, आपको अपने ही विश्वासवाले ईश्वर के दर्शन होने लगते हैं। जितना गहरा भाव होगा, उतना ही उसका आकार भी गहरा और स्पष्ट होगा। यह आपके अपने ही विश्वास और श्रद्धा से उत्पन्न मानस पुत्र जैसा है। इसलिए आपको ईश्वर का वही स्वरूप दिखाई देता है, जिस पर आपकी श्रद्धा होती है। आप हिंदू हैं तो आपको गणेश, शंकर, हनुमान जैसे भगवान् ही नजर आएँगें, अन्य नहीं। मुसलमान होंगे तो मक्का मदीना या कोई सूफी गुरु, ईसाई होंगे तो जीसस या मेरी ही नजर आएँगे। चीनी होगा तो उसको तो लंबी दाढ़ी एवं मूँछवाले ईश्वर ही नजर आएँगे या उनकी देवी क्यान यिन नजर आएँगी। निश्चय ही अफ्रीकी को काले घुँघराले बालोंवाले भगवान् नजर आएँगे; शिव, हनुमान या ईसा नहीं, मुसलमान या ईसाई को कभी हिंदू देवी-देवता नजर नहीं आते, सपने में भी नहीं, भूलकर भी नहीं, जिस तरह हिंदू को आज तक सपने में मक्का-मदीना या ईसा मसीह नहीं दिखे।

जिस कहानी को, जिस प्रतिमा को और जिस विश्वास को आपके सामने बचपन से बार-बार रखा जाता है, दोहराया जाता है, वह आपके मन का हिस्सा बनता चला जाता है। परंतु यह मन का हिस्सा आपकी श्रद्धा एवं स्वीकृति पर निर्भर है। हिंदू ईसा मसीह एवं मक्का-मदीना की तसवीरें हजारों बार देखता होगा, अपने दोस्तों के साथ मसजिद और चर्च भी बार-बार जाता रहेगा; परंतु गहराई में उसके इन सब भगवानों के प्रति अस्वीकृति है, निषेध

है। उसके अवचेतन मन पर इसका नकारात्मक प्रभाव ही पड़ता है। वह ईसा मसीह को देखकर बड़ी मुश्किल से दोस्तों को खुश करने के लिए, शर्म के मारे सिर झुका देता है; परंतु अंदर सिर झुका नहीं है। इस मुसलमान एवं ईसाई को हिंदू देवी-देवता बिल्कुल प्रभावित नहीं करते। हरे कृष्ण आंदोलन के भक्त जैसे ही अपने भीतर कृष्ण के आदर्शों को स्वीकार करने लगते हैं, उन्हें ईसा मसीह के बदले कृष्ण ही नजर आने लगते हैं। हमारे संतों ने खूब कहा है कि 'जाकी रही भावना जैसी, प्रभु मूरत देखी तिन तैसी।'

यहीं से आपके विश्वास के मानसपुत्र की बार-बार कल्पना करने से, बार-बार ध्यान से आपके आभामंडल में जब एक प्रबल ऊर्जा की परतों का निर्माण होता है। यही प्रबल अर्थात् ऊर्जा का प्रबल मंडल 'स्पीरिट' कहलाता है। अब यही स्पीरिट आपको बार-बार दिखेगी, दर्शन देगी, मार्गदर्शन भी करेगी। आप चाहेंगे कि यह आपकी सुरक्षा करे तो सुरक्षा करेगी। आपकी इच्छा और विश्वास के अनुसार अपना स्वरूप बदलती रहेगी, कार्य करती रहेगी। जिस तरह अहंकार वास्तव में न होकर आपकी अपनी गहरी कल्पनाओं एवं विश्वास व धारणाओं के कारण विकसित होता है, उसी तरह आपके देवी-देवता भी आपके मन में अपनी छाप छोड़ते हैं। जिस तरह इस संसार का आम आदमी अपने अहंकार, अपनी इमेज को सत्य मानता है। अहंकार का वास्तव में अपने आप में कोई अस्तित्व नहीं होता। वह सिर्फ एक कल्पना मात्र है। अगर आप पूछेंगे—कहाँ है मेरा अहंकार या मेरी इमेज? आप कहेंगे मेरे मन में! मन में कहाँ है तो कहेंगे कि मेरी कल्पना में। सचमुच में नहीं। चार लोग आपके बारे में कुछ

बात करेंगे, आपकी प्रशंसा करेंगे, आप उधर की दी हुई प्रतिमाओं को अपने भीतर सजा लेंगे। कहीं सजाएँगे—कल्पना में ही, और कहीं नहीं। अहंकार भीड़ के कारण विकसित होता है जंगल में, अकेले में। अहंकार के विकास की कोई संभावना नहीं होती। बहुत छोटा अहंकार विकसित होता है। ध्यान, सत्य और साक्षी भाव इसी अहंकार को तोड़ देते हैं; क्योंकि ध्यान अनावश्यक कल्पनाओं को विकसित नहीं होने देता।

हम अपने-अपने ईश्वर का निर्माण करते हैं और उसके मजे लेते रहते हैं; परंतु होता है यह जीवन का महाभ्रम। अगर आपको बचपन से किसी भी ईश्वर की तसवीर न दिखाई जाए, न कोई उसकी कहानी सुनाई जाए तो आपके मन में ईश्वर की कोई कल्पना ही उत्पन्न नहीं होगी, अतः अचेतन मन में प्रोग्रामिंग ही नहीं होगी। हाँ, आपने बैठे-बैठे ऐसे ही किसी शैतान या शक्ति की कल्पना कर ली तो आपका अवचेतन मन चुपचाप स्वीकार करता चला जाएगा।

मनुष्य ईश्वर को इसलिए नहीं मानता कि उसे उससे बड़ा प्यार है, उसके बिना वह रह नहीं सकता या ईश्वर नामक व्यक्ति कभी रास्ते में उसे मिला था। वह तो इसलिए मानता है कि उसपर अनेक आपदाएँ हैं, कष्ट हैं, बीमारियाँ हैं, मनोकामनाएँ हैं, इच्छाएँ हैं, सपने हैं या वह भयभीत है—मृत्यु, भाग्य, ग्रह और भविष्य से धन, पद, परिवार से मोह है उसको, छीने जाने का भय है उसे। इसी कारण वह कल्पना में एक अनजान शक्ति की, देवता की कल्पना करता है और जीवन भर ज्ञान की आँखें न खुलने पर इसी भ्रम में जीता रहता है। अगर मनुष्य की समस्याएँ और मनोकामनाएँ न हों तो वह ईश्वर को कभी नहीं मानता। एक शेर है—

मौत ने कर दिया लाचार,
वरना इनसान, वह खुदबीन (घमंडी) है,
कि खुदा का भी न कायल होता।

इसलिए मानव की सारी कवायदें ईश्वर को रिझाने में, मनाने में, उसकी तारीफ के पुल बाँधने में लगी रहती हैं; क्योंकि कहीं उसके मन में यह भय समाया रहता है कि वह एक ऐसा शक्तिशाली अहंकारी व्यक्तित्व है, जिसका

जितना नाम लेंगे, जितने गुण गाएँगे, उसके लिए जितने उपवास करेंगे, मंदिर बनवाएँगे, वह बड़ा खुश होगा, हमारी सुरक्षा करेगा, हमें संकट से बचाता रहेगा, हमसे नाराज नहीं होगा तथा हमें ऊपर जाने पर अपने पास बैठाएगा। स्वर्ग में आगे प्रथम स्थान पर सीट देगा। जो मौज-मस्ती धरती पर नहीं मिली, वह सारी मौज-मस्ती ऊपर करवाएगा। ये सब हमारी अपनी ही कल्पनाओं से उपजित भ्रम-धारणाएँ हैं, जिसमें हर धर्म व संप्रदाय का व्यक्ति आँख बंद कर मजे से चुपचाप जिए जा रहा है। ईश्वर के ऐसे ही व्यक्तित्व के कारण आज भारत देश में हमारी सारी शक्ति, हमारा अच्छा-खासा धन समाज, देश, विज्ञान एवं रिसर्च के लिए न खर्च होकर ईश्वर को मनाने में, रिझाने में और उसके और अधिक-से-अधिक मंदिर बनाने में नष्ट होता जा रहा है। मैं इसे ऐसे व्यक्त करता हूँ—

सदियों से लोग न जाने क्यूँ परमात्मा को रिझा रहे हैं।
खोकर अपना अमूल्य समय खुद को ठगा रहे हैं॥
अरे, परमात्मा कोई व्यक्ति नहीं, जिसे खुशामद का इंतजार है।
परमात्मा तो प्रकृति का नियम है,
जिस पर चलना ही सच्चा उपचार है॥

दूसरी तरफ ऐसे भी व्यक्ति हैं, जो ईश्वर के किसी आकार को नहीं मानते। वे उसे निराकार रूप में देखते हैं। परंतु यह भी मान्यता है, जब आपको कोई पहली बार देता है और आपका तर्कशील दिमाग इस तर्क को समझकर स्वीकार करता है तो आपकी श्रद्धा व विश्वास का क्षेत्र तुरंत बदल जाता है और आपके अचेतन मन में अब आकार-युक्त देवी-देवता, मंदिर, कर्मकांड इत्यादि प्रभावित नहीं करते। यह भी अवचेतन मन की प्रोग्रामिंग मात्र है। सबकुछ मान्यताओं और धारणाओं के खेल हैं। इनसे विश्वास व कल्पना पैदा होती है और ये विश्वास व कल्पनाएँ अचेतन मन की चुपचाप प्रोग्रामिंग करती चली जाती हैं और मानव अपने ही बुने हुए भ्रम-जाल में जीता चला जाता है—सदियों तक, जन्म-जन्मांतर तक। जागता है तो इन भ्रम-जालों से मुक्त होने लगता है, वरना वह इसे ही सत्य मान बैठता है। इन्हीं अंधी मान्यताओं के कारण संसार में बड़े-बड़े युद्ध, घृणाएँ, शत्रुताएँ पैदा हो जाती हैं। जैन

और बौद्ध धर्म में 'ईश्वर' जैसे शब्द की कोई मान्यता नहीं है (क्योंकि ईश्वर को मानने या न मानने से मानव में कोई मूल रूपांतरण नहीं आता। वह सिर्फ एक मान्यता मात्र होती है) 'ईश्वर' शब्द का इस्तेमाल इसलिए नहीं हुआ, क्योंकि मानव की असली खोज ईश्वर-प्राप्ति या दर्शन की नहीं है। उसकी असली खोज दुःख-दर्द से मुक्ति है। इसलिए इन दोनों धर्मों में कर्मकांड एवं मूर्तिपूजा का निषेध हुआ। परंतु इतना निषेध होने के बावजूद दुनिया में सबसे ज्यादा मंदिर बौद्ध और जैनों के बने, क्योंकि ये मानवीय कमजोरी है, असहायपन है। आप कितना ही क्यों न कहें कि ईश्वर निराकार है, परंतु मानव बगैर माध्यम (आकार) के जी नहीं सकता। उसको कोई-न-कोई माध्यम चाहिए ही लटकने के लिए। ईश्वर और देवी-देवता तो खूँटियाँ हैं। खूँटियाँ न तारती हैं, न मारती हैं। तुम जितनी गहरी श्रद्धा से इन पर लटकते हो, तुम्हारा यही लटकना तुमको तारता है। इसलिए इस बात का फर्क नहीं पड़ता कि खूँटियाँ ईसा मसीह की हैं या झूलेलाल की, हनुमान की हैं या साईं बाबा की अथवा अयप्पा स्वामी की हैं या संतोषी माँ की, लटको, बस

पूरी श्रद्धा से। इसी गहरी श्रद्धा के प्रभाव में अवचेतन मन आपसे कोई भी असंभव काम करवा लेगा। पहाड़ों पर चढ़वा देगा या आग पर चलवा देगा या उपवास करवा देगा।

हर आदमी अपनी-अपनी खूँटियाँ पकड़कर बैठा हुआ है। इस संसार में न जाने कितनी तरह की खूँटियाँ हैं। अकेले भारत में ही हजारों तरह की खूँटियाँ हैं और यही खूँटियाँ इनकी सुरक्षा है, इनकी सहूलियत है। जीवन आसान लगता है। ये मेंटल कंडीशनिंग है, जो एक सामान्य अज्ञानी व्यक्ति के लिए बहुत जरूरी है, नहीं तो वह विक्षिप्त है, जिसे नास्तिक कहते हैं। नास्तिक किसी भी चीज पर विश्वास न करने के कारण तकलीफ और कष्ट में असहाय महसूस करते हैं, क्योंकि उनकी अपनी कट्टर मान्यताएँ उन्हें झुकने नहीं देतीं। नास्तिक और आस्तिक में कोई मूल भेद नहीं होता। दोंनों अपनी-अपनी मान्यताओं में बँधे हुए हैं। दोनों भ्रम-जाल में जीते हैं।

जागे हुए व्यक्ति को यह अवश्य बोध होता है कि संपूर्ण जगत्, यह अस्तित्व सिर्फ ईश्वर और केवल ईश्वर है। हम भी ईश्वर ही हैं। बस, हमारे अहंकार (हमारी इमेज) इस सत्य का कभी दर्शन नहीं करने देते। विशेष ईश्वर, विशेष धर्म, विशेष जात-पाँत, विशेष ऊँच-नीच, विशेष पहनावे और विशेष अहंकार साथ में रख ईश्वर को कभी नहीं जान पाएगा—भले ही वह ईश्वर को मानने जैसे भ्रम में जरूर जीता होगा। बँधा हुआ मेंटल कंडीशनिंगवाला कोई भी व्यक्ति कैसे ईश्वर का अनुभव कर सकता है? ये सारे उपर्युक्त परदे हटने बहुत जरूरी हैं, तभी वह वास्तव में धार्मिक होता है, योगी होता है।

□

13

स्थायी जवानी या शीघ्र बुढ़ापा अवचेतन मन की देन

हमारे शरीर की जवानी या बुढ़ापा हमारे अवचेतन मन द्वारा निश्चित होते हैं। हम जिस तरह की सोच, कल्पना, धारणाएँ अपने बारे में अवचेतन मन को देते हैं, अवचेतन मन उसको चुपचाप स्वीकार कर वैसा ही बना देता है। सच पूछा जाए तो बुढ़ापा जीवन के बहुत अंतिम दिनों में आता है, जब हम 80 के पार जा रहे होते हैं। परंतु 80 की उम्र के बाद भी आपके अवचेतन मन में डाली जा रही धारणाओं से आप बिल्कुल सामान्य नौजवानों जैसे काम

बड़ी आसानी से कर सकते हैं; जैसे—पहाड़ चढ़ना, घुड़सवारी करना, लंबी पैदल यात्रा करना, स्वीमिंग करना, गेम्स खेलना, जिम्नेजियम का उपयोग करना, हर वक्त चुस्त रहना, फुरती से काम को करना, ऑफिस में पूरा समय देकर बिना थकावट काम कर लेना इत्यादि।

पश्चिमी देशों और पूर्वी देशों के बुढ़ापे में काफी अंतर है। पश्चिमी देशों में आदमी को अपना काम स्वयं करना पड़ता है। पूर्वी देशों की तरह वहाँ नौकर बहुत कम होते हैं। अपना बोझ भी स्वयं ढोना होता है तो वहाँ के लोग 70-80 या 90 के दशक तक भी आत्मनिर्भर रहते हैं। इसके ठीक विपरीत, भारत में नौकर भी बहुत होते हैं। बेटा, बेटी, बहू, पत्नी सेवा करने को तत्पर रहते हैं तो काफी हद तक आदमी दूसरों पर निर्भर होता है। इसी कारण भारत में 50 साल के बाद ही 'बुजुर्ग' जैसा शब्द हमारे साथ जुड़ जाता है।

भारतीय बुढ़ापा शुद्ध अवचेतन मन एवं अप्राकृतिक जीवन-शैली का परिणाम है; क्योंकि यहाँ पर 40 साल की उम्र बीतते-बीतते जैसे-जैसे आँखों पर चश्मा चढ़ने लगता है, एक-एक दाँत धीरे-धीरे खिसकने लगते हैं, थोड़ी-थोड़ी सफेदी बालों में झलकने लगती है। हमारे अंतर्मन में—मुझे बुढ़ापा आ रहा है। मेरी उम्र बढ़ती जा रही है, ऐसा मानसिक प्रभाव पड़ने लग जाता है। 45-50 साल में कोई बीमारी लग जाती है और 50-60 के बीच रक्तचाप, शुगर, हार्ट प्रॉब्लम, घुटने के दर्द एवं थकावट जैसी चीजें होने लगती हैं। हम इन बीमारियों को उम्र ही मानते हैं और बुढ़ापे के आवश्यक रोग!

हमारे दिमाग में बीमारी भी स्वीकृत है। हर व्यक्ति के दिमाग में यह धारणा निश्चित है कि आज नहीं तो कल, 50 की उम्र के बाद या आसपास कोई-न-कोई शारीरिक रोग तो होगा ही, क्योंकि सभी को होता है। इसीलिए हम हेल्थ इंश्योरेंस भी करवा बैठते हैं। फिर हमारे 2-4 बच्चे हो गए और हम बड़ी उम्र में चले गए तो जब आपको पिताजी/पापा या अंकल लोग कहना शुरू करते हैं, आप समझते हैं कि अब मैं बड़ी उम्र में चला गया हूँ। इस तरह रोग और बुढ़ापा दोनों के जीवन में आने की प्रोग्रामिंग अवचेतन मन को दे देते हैं।

भारत के बुजुर्ग अकसर रिटायर्ड या 50-60 के बाद व्यवसाय से मुक्त हो जाते हैं या हमारे बच्चे ही हमें 'बुजुर्ग' कहकर काम करवाना बंद कर देते हैं। तब हमारे मन पर गहरा प्रभाव पड़ता है। हम जीवन में रुचि लेना

कम कर देते हैं। हम स्मार्ट कपड़े पहनना बंद कर, बड़े-बड़े कुरते-पाजामे पहनकर बुजुर्ग के रूप में जीना शुरू कर देते हैं। युवावस्था के उत्सवपूर्ण, सक्रियता लानेवाले संगीत को छोड़कर भजन सुनना शुरू कर देते हैं। यह आध्यात्मिक रुझान एवं तीर्थ-यात्राओं का आकर्षण वास्तव में अवचेतन मन को यह धारणा देता है कि मैं बूढ़ा हो गया हूँ। मेरा समय नजदीक आ रहा है। मैं कभी भी उड़ सकता हूँ। मुझे ईश्वर का नाम जपना चाहिए, ताकि मेरा परलोक सुधर सके। ये सारे आपके कृत्य—रामायण व महाभारत पढ़ना, मंदिर में जाना इत्यादि अवचेतन मन को बुढ़ापे की सूचना है; क्योंकि आपने जवानी में इन कार्यों को समय नहीं दिया।

हम जीवन के हर कार्य में अपनी रुचि कम करने लगते हैं, यह सोचकर कि क्या करना है, किसको दिखाना है। बहुत खा लिया, बहुत पी लिया, बहुत देख लिया, बहुत मेहनत कर ली। प्रायः 60 साल की उम्र के बाद कुछ नया सीखना और नवीन रचनाएँ करना हम बंद कर देते हैं। सीखना और नवीन रचनाएँ करना अगर हम जवानी की उसमें भी नौकरी लगते ही बंद कर देते हैं तो समझ लेना कि आप मर गए, बूढ़े हो गए, रुका हुआ तालाब हो गए, जिसमें कोई नया बहाव या नया पानी नहीं है। ऐसा व्यक्ति सुरक्षा के नाम पर सिर्फ समय व्यतीत कर रहा होता है। दुनिया भर में ऐसे ढेरों जवान बूढ़े हैं, भारत में और ज्यादा तथा सरकारी नौकरी में और भी ज्यादा!

हम नए गाने व संगीत सुनना बंद कर देते हैं, नई फिल्में देखना बंद कर देते हैं, नया साहित्य पढ़ना बंद कर देते हैं, नवीन कलाओं को देखना बंद कर देते हैं, नवीन प्रोग्रामों की प्रशंसा करना बंद कर देते हैं; क्योंकि उसके पास अतीत की यादें हैं। बूढ़ा आदमी हमेशा अतीत में जीता है। वह आनेवाले भविष्य को तथा वर्तमान को अतीत की मर चुकी यादों से तौलता रहता है, मापता रहता है। जो भी देश, जो भी समाज, जो भी व्यक्ति पुरानी चीजों को, पुरानी पद्धति को ज्यादा-से-ज्यादा जीवित रखने की कोशिश करता है और उसकी तुलना में नवीन प्रयोग को, नवीन आविष्कार को सीमित महत्त्व देता है, वह समाज, वह देश तथा वह व्यक्ति मरा हुआ है। वह शीघ्र प्रगति कभी नहीं कर सकता।

जीवन वर्तमान है; न अतीत, न भविष्य। परिवर्तन जीवन का सामान्य सा नियम है, जिसे सब जानते हैं। समय के साथ हर तरह की चीजों में बदलाव नवीनीकरण आता जाएगा। ये सिलसिला कभी नहीं रुकेगा। जो मानव देश, समाज, पुराने बोझ के साथ जितना ज्यादा जुड़ा रहेगा, परिवर्तनीय वर्तमान के साथ कदम से कदम नहीं मिला पाएगा, वह हमेशा पिछड़ा रहेगा।

अतीत की यादें अर्थात् बुढ़ापा! जवानी अर्थात् वर्तमान का सत्य एवं भविष्य के नए सपने! अत: जो हर पल सीखता रहता है, नवीन रचनाएँ करता रहता है, नए प्लान, नए सपने एवं नई इच्छाएँ करता रहता है और उन्हें फलान्वित करने के लिए रात-दिन सक्रिय रहता है, ऐसा व्यक्ति 100 साल की उम्र में भी जवान ही है, क्योंकि ये सभी भावना के लक्षण हैं। शरीर भले ही समय के साथ-साथ अपने बाहरी ढाँचे में कुछ परिवर्तन ले आए, परंतु असली माल (मानसिक युवावस्था) तो अंदर होता है। दिमाग युवा होना चाहिए। गाड़ी भले ही थोड़ी पुरानी हो जाए, परंतु ड्राइवर तो स्मार्ट और तेज होता है। गाड़ी नई हो और ड्राइवर बूढ़ा हो तो गाड़ी धीमी ही चलाएगा।

जवानी अर्थात् रसपूर्ण एवं सक्रिय रचनात्मक जीवन

आखिरी श्वास—मरते दम तक भी व्यक्ति को रसपूर्ण, उत्सवपूर्ण होकर जीना चाहिए। यही जवानी का सच्चा राज है। सुंदर-से-सुंदर कपड़े पहनो, अपने को स्मार्ट बनाकर रखो, जीवन के सभी कार्यों में पूरी रुचि लो। कला में, संगीत में, साहित्य में, विज्ञान में, खेल में, समाज-सेवा में, हर पल एक ही बात दिमाग में रखो कि और क्या नया सीखूँ और क्या नया करूँ। 90 साल की उम्र में भी नए

प्रोजेक्ट तैयार करें। उसमें सक्रिय हिस्सा लें। यह कहकर बिल्कुल न टालें कि क्या करना है, अब बहुत देख लिया, बहुत कर लिया, बहुत जी लिया। इसका अर्थ है, तुम वर्तमान में जीवन के प्रवाह के साथ न जीकर अतीत में रुक गए, सड़ गए; तालाब में तैर रहे हो। जो जी लिया, जो खा लिया, जो देख लिया, जो पा लिया, वह सब कल था। कल मर चुका है। वह यादों का कब्रिस्तान बन चुका है। जीवन तो हर पल नए स्वरूप, नई कलियाँ, नए फूल, नए गीत, नई रचनाएँ, नई आशाएँ और नए सपने लेकर स्फुटित (अंकुरित) हो रहा है। तुम्हारा ध्यान पीछे की तरफ है तो तुम निश्चय ही इस खूबसूरत व नए वर्तमान को चूकते चले जाओगे।

अध्यात्म के नाम पर सीधे-सादे कपड़ों या सफेद-संतरी चोलों में न उलझो। वह ऊपर से ओढ़ा हुआ पाखंड है, ढोंग है। जो भीतर से नहीं बदल पाते हैं, वे ऊपर से बदलकर अपने आप या भ्रम पाल रहे होते हैं। संसार की किसी भी वस्तु का भोग गलत नहीं है। उसके साथ चिपक जाना, उससे अहंकार, लालच या भय पैदा कर देना गुनाह है। जीते जाओ, भूलते जाओ, नए के लिए तैयार रहो; क्योंकि मैं तो कहता हूँ—

कल का सुख फिर चाहिए, ऐसी कोई चाह नहीं।
आज मिला वह धन्य है, अब दिल को परवाह नहीं॥

इसलिए शरीर रूपी परमात्मा के इस मंदिर को खूब प्यार से नित-नया रंगपूर्ण परिधान दो, इसे सजाओ—उसी तरह, जिस तरह से तुम ईश्वर की मूर्तियों को सजाते हो। तुम्हें शायद यकीन है कि तुममें ईश्वर नहीं है, इसलिए सादगी को इज्जत देते हो।

लोग न जाने क्यूँ खुदा को बाहर ढूँढ़ते हैं,
शायद उन्हें यकीन है कि उनमें खुदा नहीं है।

सत्संग के नाम पर नित नई आध्यात्मिक कहानियाँ या बातें सुनना दूर से पहाड़ को देखना है। केवल परमात्मा का नाम लेते रहना, उसके गुणगान गाते रहना, भजन करते रहना या ऊँची-ऊँची आदर्शवादी बातें करते रहना ही सत्संग का अर्थ नहीं है।

सत्संग का अर्थ है—'सत्' यानी सत्य, सात्त्विक यानी पॉजीटिव के साथ

जीना। प्रकृति के साथ जीओ। पेड़-पौधे, पंछी, संगीत, शुद्ध साहित्य, कला, विविध स्वभाव के लोग, ध्यान, प्रार्थना, चुटकुले, हँसी-मजाक, मर्यादित गपशप, खेल, सामाजिकता, रचनाएँ, आविष्कार, विज्ञान एवं संपूर्ण जीव-जगत्—सभी सत्संग के स्रोत हैं। केवल ईश्वर का नाम लेना ही सत्संग नहीं। ईश्वर के साथ जीना, उसकी हर कृति के साथ जीना, उसकी हर कृति का सम्मान करना ही सच्चा सत्संग है। सिर्फ ईश्वर के गुणगान एवं भजन को ही आध्यात्मिक मत समझो। यह संकीर्ण व सीमित धारणा है। हर वह संगीत सुनो, जिससे आत्मा गद्गद हो जाती है, जिससे हम झूम उठते हैं। मुझे मोहम्मद रफी और लता मंगेशकर की हृदय को छू लेनेवाली आवाज में ईश्वर का आभास होता है। आप उसे यह कहकर नहीं टाल सकते कि यह तो फिल्मी गाना है, रोमांटिक गाना है। रोमांस और प्रेम ही तो अध्यात्म है। किसी भी कलाकार के नाम या शक्ल पर मत जाओ। उससे उठनेवाली हर कला, हर संगीत, हर नृत्य में परमात्मा की झलक को देखो। इससे बढ़कर जीवन और अध्यात्म क्या होगा?

अध्यात्म का सच्चा अर्थ ही है संपूर्ण जीवंतता (Liveliness), रसपूर्ण, आनंद, अभिव्यक्तियाँ इत्यादि। उदासीनता, गंभीरता, अड़ियलपन, सख्त संयम, विशेष पहनावा, सादगी, गंजापन (खूबसूरती से दुश्मनी)—ये सब अध्यात्म नहीं हैं, मानसिक बीमारियाँ हैं,

रुग्णता है, कंडीशनिंग है, जड़ता है। इनसे बचना आवश्यक है।

शरीर में जवानी की झलक के लिए, उत्साहपूर्ण व आत्मविश्वास से भरे चेहरे के लिए, स्फूर्ति के लिए, आपके अवचेतन मन को अपनी धारणाओं में परिवर्तन लाकर कल्पना द्वारा विश्वास दिलाना होगा कि आप सक्रिय रहना चाहते हैं, सीखना चाहते हैं, कुछ नया करना चाहते हैं। आप रसपूर्ण हैं; हर काम में, हर वस्तु में हर व्यक्ति में पूरी रुचि लेते हैं। नई आशाएँ करना—ये ही विचार, ये ही कल्पनाएँ चलती रहेंगी सब अवचेतन मन भी आपको वैसा ही बना देगा।

आपके भीतर आपकी अपनी छवि 20-25 वर्ष की आयु वाले युवक जैसी होनी चाहिए। भले ही वह काल्पनिक हो, सत्य से परे हो; परंतु यह सोच, यह कल्पना हमें युवा, सक्रिय, स्फूर्तिवान् बनाए रखने के लिए बहुत आवश्यक है। आपका हर पल उठना-बैठना, चलना, सोना, काम करने का तरीका युवाओं की तरह होना चाहिए, तभी आपका अवचेतन मन भी इसी कल्पना को सच मानकर आपके भीतरी हार्मोन्स, रसायन, आपकी त्वचा, आपके चेहरे को वैसा ही स्वरूप देने लग जाता है। यही वास्तविक जवानी का राज है।

हमारे प्रोफेशन की हमारे अवचेतन मन पर गहरी छाप पड़ती है। जब तक हम कॉलेज लाइफ को जीते हैं, हमारे भीतर एक युवक की छाप रहती है; लेकिन जैसे ही आप कोई डॉक्टर, बॉस, कंपनी या व्यवसाय के मालिक, मैनेजर या ऊँचे पद पर जाते हैं; या शिक्षक, प्रोफेसर, कमांडर बन जाते हैं, तब लोग आपके सामने घूमते हैं, सलाम करते हैं, आपका हुक्म मानते हैं। आप में अपने बारे में मन में एक छवि बनने लगती है कि मैं तो ऐसा व्यक्तित्व हूँ। पर्सनैलिटी का मतलब ही मुखौटा है ('परसोना' ग्रीक भाषा का शब्द है, जिसका अर्थ है—ऊपरी चेहरा, बनावटी चेहरा)। आप इस (बनावटी लोगों के दिए हुए और स्वयं की कल्पना में बनाए गए) मुखौटे के साथ इतना गहरा चिपकाव पैदा कर लेते हैं कि अवचेतन मन में इसकी गहरी छाप पड़ जाती है। बस, आपका उठना-बैठना, बोलना-चालना, व्यवहार—सब इस मुखौटे के अनुसार हो जाता है। आपके चाहे धन, पद, सम्मान, नौकरी भी छिन जाए,

आप जमीन पर आ जाएँ; परंतु यह अवचेतन मन में बैठा हुआ मानसिक मुखौटा आप बिल्कुल नहीं उतार पाते हैं। आप रिटायरमेंट के बाद भी लोगों से मिलेंगे तो यह जताने की अवश्य कोशिश करेंगे कि मैं कोई मामूली हस्ती नहीं हूँ। मैं भी पहुँची हुई चीज हूँ। यह बड़ी खतरनाक कंडीशनिंग है। इसके ठीक विपरीत जो लोग नौकरी करते हैं, उनमें भी हुक्म मानने की, सेवा करने की, चमचागीरी करने की, सलाम करने की कंडीशनिंग हो जाती है।

अच्छे-अच्छे गुरु, महात्मा, नेता भी इस मानसिक कंडीशनिंग के शिकार हो जाते हैं। उन्हें भीड़ ही चलाती है। जितना लोग उन्हें फूल-मालाएँ पहनाते हैं, पाँव छूते हैं, तालियाँ बजाते हैं, जय-जयकार करते हैं, तारीफ के पुल बाँधते हैं, उतना ही नेता और महात्मा अपने ही द्वारा बुने हुए एक खतरनाक भ्रमजाल में फँसने लग जाते हैं। चार लोग उनकी तारीफ करते हैं तो उनको भ्रम पैदा होने लगता है कि सारी दुनिया उनकी तारीफ कर रही है। एक सौ लोग जय-जयकार करने लगते हैं तो उनको लगता है कि सारी दुनिया उनके पीछे आ रही है।

जितनी बड़ी भीड़, उतना ही बड़ा अहंकार का यह भ्रमजाल! वे कब इसमें उलझ जाते हैं, उन्हें खुद भी पता नहीं चलता। इस सबके पीछे हकीकत कम, कल्पना का स्थान ज्यादा है। यही झूठी कल्पना हर नेता, हर गुरु, हर महात्मा अपने अवचेतन मन में बैठा देता है और उसी झूठे मुखौटे के अंतर्गत व्यवहार करता है। जागा हुआ बुद्ध पुरुष सबसे पहले इस झूठे मुखौटे से मुक्त होकर सहज हो जाता है।

इसलिए आप चाहे जिस पद पर या ऊँचाइयों पर पहुँच जाएँ, अपने अंदर के युवक या बालमन की सहजता को जीवनपर्यंत बरकरार रखें। अपने प्रोफेशन, व्यवसाय, गुरु-महात्मा या नेता का चोला घर के बाहर ही फेंककर (जहाँ से उठाया था, जहाँ दिया गया था, वहीं पर फेंककर) अपने घर में प्रवेश करें। अपने प्रोफेशन को अभिनय की तरह जिएँ। जिस तरह अभिनेता अच्छी तरह जानता है कि वह वास्तव में वह पात्र नहीं है, जो वह इस वक्त कर रहा है, भीतर-ही-भीतर वह मुसकरा रहा होता है।

व्यक्ति को जीवन अभिनय की तरह जीना चाहिए और अभिनेता को

अभिनय वास्तविक जीवन की तरह करना चाहिए। जीवन भर जवानी बरकरार रखने का एकमात्र सूत्र है कि बच्चों की तरह सहज हो जाएँ। अपनी कल्पना में भी अपने आपको ऐसा ही देखें तो अवचेतन मन आपके इन भावों को चुपचाप स्वीकार कर आपको ऐसा ही बना देगा। जितना ज्यादा अहंकार किसी भी रूप में आपके ऊपर हावी होगा, आप उतना ही शीघ्र बूढ़े होंगे। अहंकार यानी शीघ्र बुढ़ापे की चाबी, निरहंकारिता या बालमन का अर्थ है—जवानी की चाबी।

वैराग्य जवानी का दुश्मन

वैराग्य यानी किसी भी वस्तु या व्यक्ति से राग (मोह, चिपकाव, दोबारा चाह) समाप्त हो जाना। वैराग्य या तो अति भोग से आता है या अंतर्ज्ञान के द्वारा। अति भोग करनेवाला पेंडुलम की भाँति इतनी अति में चला जाता है कि उसे उस वस्तु से घृणा पैदा हो जाती है, विरक्तता आ जाती है तो उसका पेंडुलम अब दूसरी अति में चला जाता है; परंतु रहता वह अति में ही है। अब वह किसी और वस्तु में इसे ढूँढ़ेगा, चाहे वह आध्यात्मिक जगत् ही क्यों न हो! राग (मोह) का फोकस बदल जाता है। अब आप आध्यात्मिक जगत् में बड़े भक्त, बड़े साधक, बड़े ज्ञानी, बड़े सत्संगी, बड़े आस्थावादी जैसे भोग में लिप्त होने लगते हैं। खूब खाया, खूब पहना, खूब धन एवं विलासिता

को भोगा, अब उपवास करोगे, गेरुए या सफेद वस्त्र पहनोगे, धन को, स्त्री को, सेक्स को दुश्मन समझोगे, सादगी में जीओगे, उबला हुआ बेस्वाद खाना खाओगे, संसार की बातें न कर ऊँची-ऊँची स्वर्ग-मोक्ष-निर्वाण जैसी बातें करोगे और समझोगे कि मैं बैरागी हो गया। ध्यान रहे, अंदर का व्यक्ति वही है, जो बेहोशी और अज्ञानता में भोगे जा रहा था और अब ऊब गया। अब व्यक्तित्व आध्यात्मिक जगत् को भी भोग रहा है, खूब तारीफों के पुल बाँध रहा है। परंतु 2 साल, 10 साल बीतते-बीतते अंत में कहीं फिर उसे इस आध्यात्मिक जगत् में खामियाँ, बकवास, दोष, बेस्वादपन नजर आने लगते हैं। अब उसे लगता है कि पुरानी अति इससे थोड़ी बेहतर थी। इस तरह मानव वैराग्य के नाम पर कभी इस अति में तो कभी उस अति में डोलता रहता है। यह बैराग के नाम पर पाखंड मात्र है।

जागा हुआ बुद्ध पुरुष हमेशा समभाव के मध्य में जीता है; न इस अति में, न उस अति में। सामान्य आदमी बेहोशी में हर चीज को भोगता है और मोह बाँधता है तथा उस स्वाद को यादों में सजाकर फिर बार-बार उसकी माँग करता है। जागा हुआ पुरुष इस क्षण में जो भी, जैसा भी स्वाद सामने आता है, उसका परम भोग करता है और कोई याद या स्वाद अपने मन में सजाने नहीं देता। वह जैसे-जैसे स्वाद लेता जाता है, भूलता जाता है। इसलिए जब उसके पास यादें ही नहीं हैं तो भविष्य की कल्पना भी नहीं होती। अतीत और भविष्य से वह मुक्त होता है। वह हर पल का रागी है, वर्तमान का रागी है। वह किसी भी स्वाद के विरोध में नहीं है, बल्कि सिर्फ स्वाद के ही पक्ष में है। वह हर पल स्वाद लेता हुआ बैरागी है। वास्तविक बैरागी तो यही है, बाकी रूप पाखंड। बुढ़ापे का बैराग, संत-महात्माओं का बैराग अति का बैराग है। अति का बैराग तभी पैदा होता है, जब आपके पास खूब गहरी यादें और अतीत को नापनेवाली स्केल होती है। इस स्केल को आधार मानकर (नापकर) ही तो बूढ़ा और संन्यासी दूसरी अति में बैराग के नाम पर प्रवेश करता है। इनका बैराग अतीत से अटूट संबंध होने का प्रमाण देता है। बैराग का सीधा अर्थ है—अतीत से बँधा हुआ व्यक्तित्व, अतीत की स्केल के बिना आप वर्तमान में बैराग साध ही नहीं सकते।

जागा हुआ संन्यासी कभी वैराग्य की बातें नहीं करेगा। वह तो कहेगा कि हर पल को पूरी समग्रता से भोगो, चिपको मत, याद मत बनने दो, भोगते जाओ, विसर्जित करते जाओ। अवचेतन मन में इन स्वादों की भोग की कंडीशनिंग मत होने दो। यही सच्चा राग होते हुए भी बैराग है।

इसलिए अपने ऊपर वैराग्य का पाखंड मत छाने दो। जीवन को पल-पल जीओ। हर वस्तु में, हर व्यक्ति में पूरी-पूरी रुचि लो। खूब इच्छाएँ करो, सपने देखो, कल्पनाएँ करो, असंतुष्ट रहो और नित नए की, नवीन रचनाओं की चाहना करो—जीवन को गतिशील बनाए रखने के लिए एवं इसके अंतहीन विकास के लिए, क्योंकि मानव जीवन की यही खूबी है। जवान बने रहने के लिए तुम्हें जीवन के हर क्षेत्र में रुचि लेनी चाहिए। सत्यं शिवं सुंदरम् की तरह जीओ। सुंदर-से-सुंदर वस्त्रों से अपने को सजाओ, अपने शरीर को सजाओ, अपने घर को सजाओ, जीवन के हर श्रेष्ठ व सात्त्विक उत्कृष्ट स्वादों का आनंद लो। ईश्वर-प्रधान इन पाँच इंद्रियों की मौजूदगी को सार्थक करो। अधिक-से-अधिक हर मानव-रचित या प्रकृति-जनित सुविधाओं का भोग करो। अपने गुण-धर्मों का खूब विकास करो, पूरी समग्रता के साथ इस संसार में खिलो। हर पल तुम्हारे जीवन से आनंद का रस टपकना चाहिए। ऐसे बन जाओ, परंतु इनसे चिपको मत। इन्हें यादें मत बनने देना, होशपूर्ण होकर इनका परम भोग करना, यही सच्ची अध्यात्मिकता है, यही सच्ची जवानी है, बुढ़ापे को दूर रखने की कीमियो है और सत्यं शिवं सुंदरम् की स्थापना है।

□

14

कैसे करें अवचेतन मन का उपयोग

हमने अवचेतन मन के काम करने के दो मुख्य नियम समझे कि दोहराने से हर चीज अवचेतन मन का हिस्सा (आदत) बन जाती है और अवचेतन मन सच और कल्पना में अंतर नहीं करता। इन दो नियमों के आधार पर अब हम अपने जीवन में, आदतों में जैसा चाहे बदलाव ला सकते हैं, नए गुण डाल सकते हैं, असंभव कार्य कर सकते हैं, अपना स्वभाव बदल सकते हैं।

पूरी तरह निश्चित कीजिए कि आप कैसा बदलाव चाहते हैं? असमंजसता मानव मस्तिष्क की कमजोरी है, आदत है। जब हम बदलाव चाहते हैं, तब अनेक प्रकार के विचार एक साथ चलने लग जाते हैं। कोई भी विचार या निष्कर्ष शक्तिशाली और निश्चित नहीं होने के कारण

अचेतन मन को प्रभावित नहीं कर पाता है, इसलिए बैठकर सोचिए कि आप क्या वास्तविक बदलाव अपने जीवन में चाहते हैं? उसे एक कागज पर लिखिए।

संकल्प वर्तमान में लिखें, भविष्य में नहीं। जो भी संकल्प आप लिखना चाहते हैं, उसे वर्तमान वाक्य में लिखें। मान लीजिए, आप में आत्मविश्वास की कमी है तो वर्तमान में लिखें कि 'मैं आत्मविश्वास से परिपूर्ण हूँ।' स्मरण-शक्ति कमजोर है तो लिखें—'मेरी स्मरण-शक्ति बहुत तेज है।' कमजोर अनुभव करते हैं तो लिखें—'मैं स्वस्थ व ऊर्जावान् हूँ।' सुबह जल्दी नहीं उठते हैं तो लिखें—'मैं सुबह ठीक 5 बजे उठ जाता हूँ और अपने सारे काम समय से निबटाता हूँ।' इस तरह न लिखें कि—'हे ईश्वर! मेरा आत्मविश्वास बढ़ाओ या स्मरण-शक्ति तेज कर दो या मुझे शक्ति दो!' ये वाक्य भविष्य के हैं, वर्तमान के नहीं। अवचेतन मन भविष्य के शब्द को भविष्य की तरह लेता है। आप इस वाक्य में अवचेतन मन में ये शब्द और कल्पना का संदेश दे रहे हैं कि मेरे भीतर आत्मविश्वास नहीं है, मेरी स्मरण-शक्ति कमजोर है। इससे गलत प्रोग्रामिंग हो जाएगी और आपकी स्मरण-शक्ति हमेशा भविष्य में तेज होती रहेगी, वर्तमान में नहीं होगी। अगर आप कल्पना में यह दृश्य बनाते हैं कि आप उस अवस्था को प्राप्त कर चुके हैं और आप वैसे ही हो चुके हैं जैसे आप चाहते हैं तो अवचेतन मन इसी वर्तमान के दृश्य को स्वीकार करेगा और वैसी ही ऊर्जा निर्मित करना शुरू कर देगा।

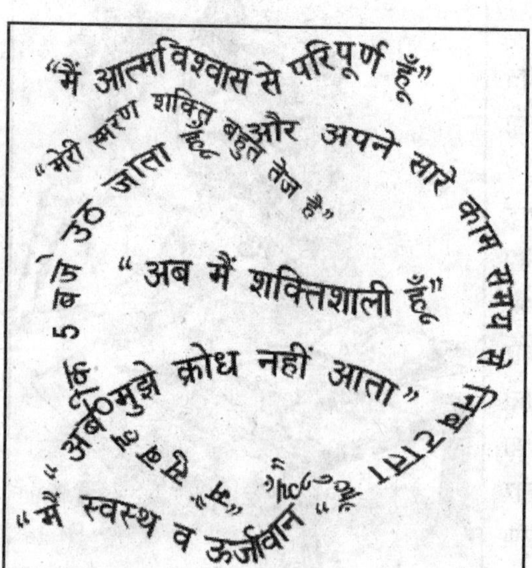

नकारात्मक भाव कभी न लिखें। मान लीजिए, आप चाहते

हैं कि आपका क्रोध समाप्त हो जाए। तो आप अगर यूँ लिखेंगे कि 'अब मुझे क्रोध नहीं आता', तो आप क्रोध को ही दोहरा रहे हो। तब इसके विपरीत शांत व्यवहार, निष्प्रतिक्रिया का भाव तो आप पैदा ही नहीं कर रहे हो। जब आप क्रोध कहोगे तो क्रोध को ही कल्पना में लाओगे। शांत व्यवहार या समता भाव को कल्पना में लाओगे तो अवचेतन मन में शांत भाव की कल्पना न जाने से शांत भाव आप में आएगा ही नहीं।

आप ऐसा न लिखें कि 'अब मैं कमजोर नहीं हूँ'। कमजोर का विपरीत है शक्तिशाली तो लिखें कि 'अब मैं शक्तिशाली हूँ।' हमेशा हर गलत आदत, स्वभाव या परिस्थिति को विपरीत पॉजीटिव अवस्था में लिखें। आप क्या चाहते हैं, वह लिखें। आप क्या नहीं चाहते हैं, वह कभी नहीं लिखें। प्रकृति का नियम है, जिस चीज को हम फोकस करते हैं, सारी ऊर्जा शक्ति उस तरफ प्रवाहित होने लग जाती है और विस्तृत होती जाती है। अगर हम यह फोकस करते हैं कि हमें गरीबी नहीं चाहिए, हम पर कष्ट है तो सारी ऊर्जा और शक्तियाँ कष्ट और गरीबी को ही प्रबल करती चली जाएँगी; क्योंकि आपका ध्यान गरीबी और कष्ट पर है। गरीबी और कष्ट का विपरीत है—अमीरी और शांत व सुविधापूर्ण जीवन। तो आपको सारा फोकस (ध्यान) अमीरी और आनंदित जीवन की तरफ करना पड़ेगा। तब सारी शक्तियाँ और ऊर्जा अमीरी और आनंद की तरफ प्रभावित होकर इन्हें प्रबल करना शुरू कर देंगी। परंतु प्राय: सभी का ध्यान जीवन की समस्याओं की ओर ही खिंचा रहता है। क्या हम उसका विपरीत चाहते हैं? उसकी तरफ न ध्यान होता है और न ही उसकी ऊर्जा का विकास होता है। अनजाने में नियमों के विपरीत जाकर गलत परिणाम आने पर हम भाग्य को कोसने लग जाते हैं। मैं पहले ही बता चुका हूँ, इस संसार में सबकुछ ठोस नियमों के अंतर्गत चलता है। कोई यहाँ आपके भाग्य को नियंत्रित नहीं कर रहा है।

कोई भी संकल्प वाक्य लिखने से आपकी मनोकामना निश्चित शब्दों में आ जाती है और उसमें डाँवाँडोल विचार नहीं होते, इसलिए उद्देश्य लिखना अत्यंत आवश्यक नियम है।

शरीर को अच्छी तरह शिथिल करें : अवचेतन मन को प्रभावित करने

के लिए हमें दो चीजों से मुक्त होना पड़ता है। एक तो शरीर, दूसरा चेतन मन; क्योंकि दोनों के सक्रिय होने पर अवचेतन सतह पर नहीं आता। हम उसे अंदर तक प्रभावित नहीं कर सकते। शरीर और चेतन मन के शांत होते ही अवचेतन मन आगे आ जाता है।

शरीर को शांत करने के लिए सबसे पहले

मन को शांत करने के लिए अल्का लेवल में जाएँ : हमारे ब्रेन की चार प्रकार की तरंगें होती हैं। जिस तरह हृदय की तरंगों को ई.सी.जी. द्वारा मापा जाता है, उसी तरह ब्रेन की तरंगों को मापने का यंत्र ई.ई.जी. है। ब्रेन्न की चार तरह की तरंगें होती हैं, जिसे हम बीटा, अल्फा, थीटा एवं डेल्टा कहते हैं।

- बीटा तरंगों में हमारा ब्रेन पूरी तरह सक्रिय रहता है, जिसमें हमारी दिमागी तरंगें 20 से 24 प्रति मिनट तक चल रही होती हैं। यह पूर्ण जागरूक अवस्था है।
- अल्फा तरंगों में हमारा चेतन मन थोड़ा शांत हो जाता है। इस समय हमारी दिमागी तरंगें 8 से 15 के बीच चल रही होती हैं। इसे हम आधी जागी और आधी सोई हुई अवस्था कहते हैं, यानी अर्धसुप्त अवस्था।
- थीटा तरंगों में हमारा चेतन मन पूरी तरह शांत होकर निद्रा में चला जाता है। इसमें हमारी दिमागी तरंगें 5 से 8 के बीच हो जाती हैं। इसे हम पूर्ण निद्रा की अवस्था कह सकते हैं। इस अवस्था में हम अधिकतर सपने देखते हैं। इस अवस्था में हम अपने गहरे अवचेतन मन के नजदीक होते हैं।

- डेल्टा तरंगों में हम गहरी निद्रा या गहरी समाधि जैसी अवस्था में पहुँच जाते हैं, जहाँ हमारे दिमाग की तरंगें पूरी तरह शांत होकर 3 से 5 के बीच चल रही होती हैं। इस अवस्था में हम पूर्ण रूप से बेहोश होते हैं। यह गहरी निद्रावस्था 8 घंटे की नींद में मुश्किल से 2 घंटे के आसपास होती है। इसमें सपने, अवचेतन मन बिल्कुल शांत और निष्क्रिय हो जाते हैं।

अब हमारे काम के लिए बीटा और डेल्टा तरंगों का कोई उपयोग नहीं है। अवचेतन मन को सुझाव देने के लिए गहरी अल्फा स्थिति ही अपने आप में पर्याप्त है। अल्फा की भी दो तरह की सतह होती है—एक ऊपरी और एक गहरी। ऊपरी सतह में हमारा चेतन मन मामूली सा सक्रिय रहता है। यह स्थिति आदतों को बदलने के लिए, मनोकामना-प्राप्ति के लिए, मानसिक परिवर्तन, शारीरिक कष्टों को नियंत्रित करने के लिए, सम्मोहित करने के लिए, किसी भी सुझाव को ग्रहण करने के लिए उपयोग में आता है। यह एक ऐसी अर्धसुप्त अवस्था है, जहाँ आप अपने मास्टर के सुझावों का चेतन मन द्वारा उपयोग करते हुए अवचेतन मन को प्रभावित करते हैं। इस अवस्था में अगर चेतन मन थोड़ा सक्रिय नहीं होगा तो आप मास्टर की आवाज या सुझाव को ग्रहण ही नहीं कर पाएँगे। इस अल्फा स्थिति में जाने के लिए शरीर को बहुत गहराई से शिथिल नहीं करना पड़ता। बस, सामान्य-सा शिथिलीकरण इस अवस्था में जाने के लिए पर्याप्त साबित होता है। इस अवस्था में हमारा चेतन मन 50 प्रतिशत सक्रिय रहता है।

अल्फा की गहरी सतह में हम अपने शरीर एवं चेतन मन से मुक्त हो जाते हैं। इस अवस्था में चेतन मन 10 प्रतिशत तक ही सक्रिय रहता है—सिर्फ मास्टर के सुझावों को सुनने के लिए एवं उसके द्वारा मार्गदर्शित होने के लिए। इस अवस्था में हमारी तर्क-बुद्धि पूरी तरह सुप्त हो जाती है। इस अवस्था में हमारा सूक्ष्म शरीर (एस्ट्रेल बॉडी) बाहर निकलकर समय और सीमा से परे ब्रह्मांड के किसी भी कोने में, किसी भी युग में, अनंत भूतकाल में, अनंत भविष्यकाल में यात्रा कर सकता है और प्रत्यक्ष अपने मन की आँखों से सबकुछ चलचित्र की तरह स्पष्ट देखकर आ सकता है। इतना ही नहीं, इस

Basic Mental Waves

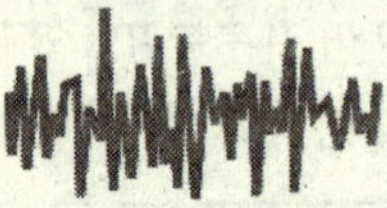	बीटा तरंगें Beta Waves	15−22 चक्र प्रति मिनट 15-22 Hz	पूर्ण जाग्रत अवस्था Awake, Normal Alert, Consciousness
	अल्फा तरंगें Alfa Waves	9−14 चक्र प्रति मिनट 9-14 Hz	अर्द्ध जाग्रत अवस्था Relaxed, Calm, Meditation, Creative Visualisation
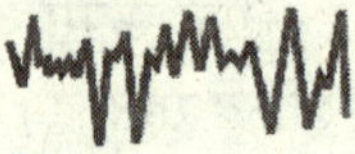	थीटा तरंगें Theta Waves	4−8 चक्र प्रति मिनट 4-8 Hz	सुसुप्त अवस्था Deep Relaxation & Meditation, Problem Solving
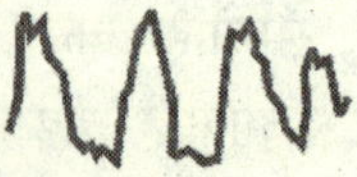	डेल्टा तरंगें Delta Waves	1−3 चक्र प्रति मिनट 1-3 Hz	गहरी सुप्त अवस्था Deep, Dreamless Sleep

अवस्था में वह अपने वर्तमान क्षणों में, अपने घर, दुकान, देश, वहाँ चल रही घटनाओं को साफ–साफ देख सकते हैं। इस अवस्था में हम चोरी, अपराध एवं अन्य गुप्त छुपे हुए रहस्यों को भी जान सकते हैं। मैंने इसका प्रयोग भारत के फोरेंसिक विभाग, सी.बी.आई. एवं प्रेसवालों के लिए भी किया है। इसे ध्यान की गहरी अवस्था भी कहा जा सकता है।

□

15

अल्फा लेवल में जाने के नियम

पलकें भारी होने पर हम अल्फा में होते हैं : हम सब इस बात को अवश्य अपने रोजमर्रा के जीवन में बारंबार अनुभव करते हैं कि जब भी हम बोर होते हैं, हमारी पलकों में भारीपन-सा आने लगता है। जब आप किसी का प्रवचन सुनने जाते हैं और आपको प्रवचनकर्ता को देखते-देखते उसका प्रवचन समझ में नहीं आता या आप बोर हो रहे होते हैं, तब आपकी पलकों में भारीपन-सा छाने लगता है। आपको नींद जैसा महसूस होने लगता है। इसे अर्धचेतना एवं अर्धसुप्त अवस्था कहते हैं। इस अवस्था में आप यह भी अनुभव करेंगे कि हमारे मन में विचार तक नहीं होते। चेतन मन के सुस्त होने के कारण हमारे सारे विचार गायब हो जाते हैं।

हमारे दिमाग में विचार दो ही अवस्था में होते हैं—या तो बीटा लेवल में (चिंता की सक्रिय अवस्था में) या थीटा लेवल में। हमारे विचार सपनों के रूप में बहने लग जाते हैं, इसलिए अल्फा अवस्था एक प्रकार से ध्यानस्थ निर्विचार की अवस्था है।

गहरी कल्पना में हम अल्फा अवस्था में होते हैं : आपने कई बार अनुभव किया होगा कि जब भी आप किसी गहरी कल्पना में डूब जाते हैं, तब कौन आया, कौन गया, आसपास की आवाजें क्या हो रही हैं, आपको बिल्कुल पता नहीं चलता। जब आपको कोई जोर-जोर से पुकारता है या आपको हिलाता है, तब जाकर आप कहीं चौंकते हैं और होश में आते हैं। इस अवस्था को

भी एक प्रकार से अल्फा स्थिति कहते हैं; क्योंकि इसमें आपका चेतन मन और सक्रिय होते हुए भी सक्रिय नहीं था, गुम था। इसका स्पष्ट अर्थ यह हुआ कि जब हम गहरी कल्पना में होते हैं तो हम अल्फा में होते हैं। इस तरह अल्फा के दो मुख्य नियमों को हमने समझा।

अल्फा लेवल में जाने की अनेक विधियाँ : अल्फा लेवल में जाने के लिए दो मुख्य नियमों को हमेशा दिमाग में अवश्य रखें कि (1) पलकों को भारी करना है, (2) गहरी कल्पना में डूबना है। इन दो अहम नियमों को ध्यान में रखते हुए कई प्रकार की विधियाँ अल्फा लेवल में जाने के लिए अपना सकते हैं।

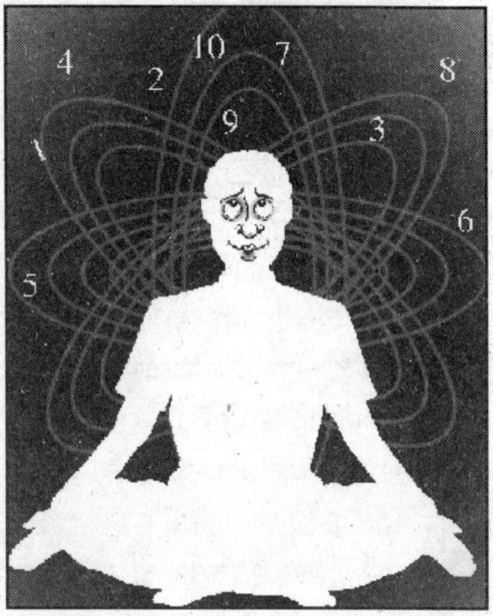

पहली विधि : अपनी आँखें खोलकर दोनों भौंहों के बीच पूरी शक्ति लगाकर आज्ञाचक्र (तीसरे नेत्र पर जहाँ हम बिंदी लगाते हैं) के बीच में देखते रहें। आँखों की काली पुतलियाँ इतनी ऊपर उठा दें कि आपकी आँखों का सफेद हिस्सा ज्यादा दिखे। पलकें बिल्कुल न झपकाएँ। ऊपर देखते हुए मन को सुझाव दें कि 10 से 1 गिनती तक आप अल्फा अवस्था में पहुँच जाएँगे। अब आप उलटी गिनती गिनना शुरू करें। गिनती इतनी धीमी गिनें कि कम-से-कम आपको 10 से 1 की गिनती तक गिनने में तीन मिनट लगने चाहिए, इतनी धीमी गति से गिनें।

जैसे-जैसे आपकी पलकें भारी होने लगें, तुरंत गहरी कल्पना करें कि आपके ऊपर भारीपन-सा छा रहा है। आप किसी नशे में डूबते जा रहे हैं। आपको नींद जैसा आभास हो रहा है। आप कहीं गहरे शांति के सागर में डूबे जा रहे हैं। आप भी अपने आपको बिल्कुल छोड़ दें इस अवस्था में जाने के

लिए। जैसे-जैसे आप इस प्रकार की कल्पना करेंगे, उस कल्पना का प्रभाव अवचेतन मन स्वीकार कर आपके भीतर वैसी ही अवस्था पैदा करने लग जाएगा और आप 10 से 1 नंबर तक पहुँचकर अर्धसुप्त अवस्था में जा चुके होंगे। आप वैसे तो अर्धजाग्रत् अवस्था में भी रहेंगे। आपको आसपास की सभी आवाजों का वातावरण का पूरा अनुभव होता रहेगा। लेकिन आपका चेतन मन सुस्त रहेगा, जैसे हम सुबह की नींद में से जागने लगते हैं या सोने के समय पर आँखों में एक भारीपन-सा आने लगता है। उस तरह से अब इस अर्धसम्मोहन की अवस्था में अवचेतन मन पूरी तरह सक्रिय हो जाता है। अब आप अपनी किसी भी कल्पना द्वारा इसको प्रत्यक्ष प्रभावित कर सकते हैं।

दूसरी विधि : इस विधि को 'सिल्वा मैथेड' कहते हैं। सिल्वा माइंड कंट्रोल में इस विधि का सर्वाधिक प्रयोग किया जाता है। अपने आपको पूरी तरह शिथिल करें। अब 100 से 1 तक उलटी गिनती धीरे-धीरे गिनना शुरू करें। आप चाहें तो कल्पना में एक ब्लैक बोर्ड के ऊपर आते हुए और जाते हुए देख सकते हैं। जैसे बोर्ड पर पहले 100 अंक दिखाई दिया (सफेद अक्षरों में), फिर गायब हो गया। फिर 99 आ गया, वह भी धुँधला होकर गायब हो गया। अब 98 आ गया। इस तरह आप एक-एक अंक को उभरते व गायब होते देख सकते हैं। इस अवस्था में चेतन मन पूरी तरह कल्पना के साथ जुड़ा होता है। उलटी गिनती मन में धीरे-धीरे भारीपन पैदा कर बोरियत पैदा करने लगता है, जिससे हमारा चेतन मन सुस्त होकर अर्धचेतन अवस्था में प्रवेश करने लगता है। बाद में

यही गिनती 50 से, फिर 20 से 1, फिर 10 से 1 तक कर सकते हैं, तब तक मन को गिनती के सुझाव को लेने की आदत पड़ जाती है।

तीसरी विधि : इस विधि में बंद आँखों में भी काली पुतलियाँ तीसरी आँख (दोनों भौंहों के बीच) बंद कर देते हैं (शरीर को शिथिल करने के बाद ही) और ऊपर की तरफ देखते ही कल्पना करते हैं कि आप किसी गहरी काली गुफा में प्रवेश कर रहे हैं, जो आपको 10 से 1 की गिनती तक चेतन मन से अवचेतन मन की दुनिया तक ले जाएगी। गुफा काली है, अँधेरी है। उसमें सिर्फ नीले पत्थर ही चमकते हैं, और कुछ दिखाई नहीं देता। अब आप अपने आपको इस गुफा में प्रवेश करें और कल्पना करें कि आप बड़ी तेज गति से हवाई जहाज की तरह जा रहे हैं। 10 सेकंड के बाद एक-एक मील का पत्थर आता जाएगा। पहले 10 नंबर का पत्थर आया। 5 सेकंड के बाद 9 नंबर। इस तरह एक-एक पत्थर आकर आप अवचेतन मन की दुनिया में 100 सेकंड के बाद पहुँच जाते हैं। मन अधिक चंचल हो तो इसको 200-250 सेकंड तक भी खींचा जा सकता है और हर पत्थर 15 या 20 सेकंड के बाद देखा जा सकता है।

काला रंग आँखों को तथा मन को तुरंत शिथिल करता है और गहरी अनजान सी गुफा मन को शिथिल कर नींद जैसी अवस्था में डूबने के लिए मदद करती है, इसलिए ऐसी कल्पनाओं का बहुत गहरा प्रभाव पड़ता है।

चौथी विधि : इस विधि में शरीर को शिथिल कर बंद आँखों में काली पुतलियाँ ऊपर उठाकर आप काली गुफा के बदले में नीचे जाती हुई सीढ़ियों की कल्पना कर सकते हैं। या तो सीढ़ियाँ किसी अनजान जगत् में प्रवेश करवाएँगी या वे आपको किसी सुंदर से अपने ही इष्टदेव के मंदिर में ले जाएँगी, जो एक ईश्वरीय जगत् है। एक-एक सीढ़ी 5 या 10 सेकंड के बाद उतरें और एक की गिनती तक अवचेतन मन के जगत् में पहुँच जाएँ।

पाँचवीं विधि : (काले बादल) इस विधि में शरीर को शिथिल करने के बाद जब आप अल्फा अवस्था में जाते हैं, तब सीढ़ियाँ या अँधेरी गुफा के बजाय हम काले बादलों का एक धुआँ या धुंध की कल्पना करते हैं। धुंध के उस पार अवचेतन मन की दुनिया का प्रकाश है। आप 10 से 1 की गिनती तक 3 मिनट तक का समय लगाकर इस काले धुएँ या बादल में प्रवेश करते हैं और तैरते हुए प्रकाश की दुनिया की ओर बढ़ते चले जाते हैं और 1 की गिनती तक अवचेतन मन (प्रकाश) की दुनिया में आ जाते हैं।

छठी विधि (मंत्र-जाप) : किसी भी शब्द का मंत्र-जाप अपने आप में

सबसे सरलतम उपाय है। अल्फा अवस्था में जाने के लिए आपकी जिस मंत्र में श्रद्धा है, वह मंत्र कम-से-कम 5 मिनट पूरी तरह डूबकर जपें। मन तो चंचल होने के कारण स्वभावानुसार भागेगा ही, इसलिए यदि आप चाहें तो थोड़ा जोर से भी मंत्र-जाप कर सकते हैं। इससे भी आप धीरे-धीरे अल्फा अवस्था में प्रवेश कर जाते हैं। अपने इष्ट या आराध्य देव को कल्पना में लाकर आप शीघ्र अल्फा अवस्था को प्राप्त कर सकते हैं।

अब गहरी भावना-युक्त कल्पना करें

अब अल्फा अवस्था की कोई भी ऊपर दी गई विधियों का इस्तेमाल कर अवचेतन मन की दुनिया में पहुँच जाएँ और पूरी भावना के साथ वर्तमान स्थिति में अंतिम परिणाम की कल्पना करें कि जैसे आप वैसे हो चुके हैं या वह आपको मिल चुका है। उससे संबंधित सारी पॉजीटिव घटनाओं का क्रम देखें कि अगर ऐसा हो जाता तो क्या-क्या होता। उदाहरण के लिए, आप अपनी खाने की आदत पर नियंत्रण कर अपना वजन संतुलित करना चाहते हैं तो आपको कल्पना में देखना है कि आप किसी पार्टी में भोजन करने जा रहे हैं। वहाँ पर आपके पसंद के सारे व्यंजन रखे हुए हैं। आपके मित्र आपको गरिष्ठ मिठाइयाँ या नमकीन खाने के लिए दबाव दे रहे हैं, लेकिन आप बड़ी दृढता से उन्हें टालकर सारे व्यंजनों को छोड़कर फल, जूस या सादे भोजन के स्थल पर जा रहे हैं और स्वास्थ्यवर्धक आहार का चुनाव कर रहे हैं (जबकि आप गरिष्ठ खाना पसंद करते हैं। फल-सलाद-जूस नहीं के बराबर खाते हैं) और आप भोजन बहुत कम मात्रा में लेकर बड़े आराम से, ध्यान से, एकाग्रता

से, पूरी तरह चबा-चबाकर खा रहे हैं (जबकि आप बहुत अधिक मात्रा में भोजन प्लेट में लेते हैं, जल्दी-जल्दी खाते हैं। आपके मित्र व संबंधी आपको बधाई दे रहे हैं, आपकी तारीफ कर रहे हैं। इस तरह आप वजन संतुलन से संबंधित हर घटना की पूरी तरह से कल्पना कर रहे हैं।

मान लीजिए कि आप बहुत क्रोधी स्वभाव के हैं। बात-बात पर तुनक जाते हैं, चिड़चिड़े हैं और आप चाहकर भी अपने क्रोध को नियंत्रित नहीं कर पा रहे हैं तो ध्यान रहे, आप चेतन मन से जितना चाहे, कंट्रोल कर लें, प्रयास कर लें, आपकी आदत में कोई बदलाव नहीं आएगा; क्योंकि हमारी सारी आदतों की जड़ अवचेतन मन में होती है। क्रोध चेतन मन से नहीं, अवचेतन मन से आता है। क्रोध की अवस्था में चेतन मन धुँधला हो जाता है, इसलिए इस समय कोई तर्क, कोई विवेक, कोई बुद्धि काम नहीं करती। इस समय आप वो ही प्रतिक्रिया करते हैं, जो आपके अवचेतन मन में होती है।

आपने अनजाने में धीरे-धीरे एक विशेष विचार, धारणा या अहंकार का निर्माण कर, क्रोध को धीमे-धीमे उपयोग कर इसकी आदतों को जड़ किया है, इसलिए आप चेतन मन से कितना भी सोचते हैं कि अब क्रोध नहीं करूँगा। क्रोध दिलानेवाले तत्त्व सामने आते ही आप आदतवश क्रोध में आ जाते हैं। अब आप अगर अपने अंदर से क्रोध को हमेशा के लिए विदा कर देना चाहते हैं तो चेतन मन को भूल जाइए। आप शिथिल होकर अल्फा लेवल में जाकर गहरी कल्पना में देखें कि आप जिस अवस्था में अकसर क्रोधित हो जाते हैं, उन अवस्थाओं में इस वक्त मौजूद हैं और बहुत शांत, निष्प्रतिक्रिय हो मुसकरा रहे हैं; आराम से, संतुलित, नियंत्रित, सौम्यतापूर्वक बातचीत कर रहे हैं (जबकि आप वास्तव में ऐसा नहीं करते हैं, बहुत गुस्सा करते हैं)। इस तरह आपको अपने को विपरीत पॉजीटिव अवस्था में देखना है। पूरे 24 घंटे में जिन-जिन घटनाओं पर आप अकसर क्रोधित व चिड़चिड़े होते हैं या अपना मूड खराब करते हैं, आप कल्पना में देख रहे हैं कि ठीक इसके विपरीत 24 घंटे की उन सारी घटनाओं में आप बहुत शांत और आराम से तनाव-रहित रहकर परिस्थिति को सँभाल रहे हैं। आपको कल्पना में नियमित कल्पना द्वारा अपने अवचेतन मन को विश्वास दिलाना है कि आप

एक शांत, स्थिर एवं संतुलित व्यक्ति हैं। आप वास्तव में ऐसे हो चुके हैं। आपके परिवारवाले, मित्र, संबंधी—सब आपके इस परिवर्तन से स्तब्ध हैं, आश्चर्यचकित हैं। आपके स्वभाव की हर जगह तारीफ और चर्चे हो रहे हैं। आपके स्वभाव को देखकर सभी प्रेरणा ले रहे हैं। आपके इसी स्वभाव के कारण आपके घर व ऑफिस में बहुत शांति, सामंजस्य एवं प्रेम का एहसास होता है। इस तरह आपको अपने स्वभाव से विपरीत पॉजीटिव अवस्था में कल्पना कर अवचेतन मन की प्रोग्रामिंग करते जाना है। अब आप अच्छी तरह समझ गए होंगे कि हमें कैसे अवचेतन मन की प्रोग्रामिंग करनी है किसी भी स्वभाव या आदतों को बदलने के लिए।

जो क्वालिटी आप में नहीं है, उसे कल्पना में देखें कि वह हैं। आपको लगता है कि फलाने सेल्समैन की क्वालिटी मेरे अंदर नहीं है। मैं थोड़ा अंतर्मुखी (रिजर्व्ड) किस्म का, कम बोलनेवाला व्यक्ति हूँ। क्या आप अपने किसी मन-पसंदीदा सेल्समैन की क्वालिटी अपने अंदर लाना चाहते हैं ? तब सबसे पहले तो ये नकारात्मक भाव दिमाग से निकाल दें कि ऐसी क्वालिटी हमारे अंदर थोड़े ही आ सकती है। यह तो असंभव है। अवचेतन मन को प्रोग्रामिंग करने से पहले आपको यह दृढ विश्वास पैदा करना होगा कि हम अपने अंदर अवचेतन मन की प्रोग्रामिंग द्वारा उस सेल्समैन की क्वालिटी अवचेतन मन के सिद्धांतों से अवश्य विकसित कर सकते हैं। तभी आप उस सेल्समैन की क्वालिटी निश्चित रूप से अपने अंदर बड़े आराम से विकसित कर सकते हैं।

आपको उस फलाने सेल्समैन की क्या-क्या क्वालिटी पसंद हैं, जो आप में नहीं हैं। वह सब एक पेपर पर नोट कीजिए और उसमें लिखिए कि मेरे भीतर भी फलानी-फलानी क्वालिटी है। आप कल्पना में देखते हैं कि आप ठीक अपने स्वभाव के विपरीत अपने ग्राहक को खूब असरदार बातों से आकर्षित कर रहे हैं, प्रभावित कर रहे हैं। आपका ग्राहक प्रभावित होकर आपका माल खरीद रहा है। आप अपना विषय या माल अत्यंत शक्तिशाली उसी सेल्समैन की तरह पेश कर रहे हैं। आप अपनी सेल्समैनशिप में बहुत कुशल हैं, जिससे आपका व्यवसाय या कॅरिअर आगे बढ़ चुका है। आपकी चारों तरफ तारीफ हो रही है। आप एक डायनॉमिक व्यक्तित्व हो चुके हैं। इस तरह आप अपने अंदर ऐसी अनेक तरह की क्वालिटी सफलतापूर्वक विकसित कर सकते हैं।

इस तरह आप समझ गए होंगे कि जो हम अपने व्यक्तित्व—शरीर, मन, स्वभाव, आदत, जीवन या परिस्थिति—में जो परिवर्तन पॉजीटिव रूप से देखना चाहते हैं, वह घट चुका है। आप उस अवस्था को देख रहे हैं, भोग रहे हैं।

नकारात्मक धारणाओं से ब्रेक न लगाएँ : आप पूरी मेहनत से सुबह-शाम अवचेतन मन की प्रोग्रामिंग करते हो और दिन भर आपके मन में बार-बार यह नकारात्मक प्रश्न उठता जा रहा है कि यह कैसे संभव है ? ऐसे कैसे हो जाएगा या बदल जाएगा ? यह तो मुश्किल लगता है अथवा पता नहीं होगा या न होगा, बदलेगा या नहीं बदलेगा। आदतें या स्वभाव गहरे हैं या जड़ है। हममें ऐसे गुण थोड़े ही आ सकते हैं। 'होइ है वही जो राम रचि राखा', तकदीर में होगा तो हो जाएगा। आदतें और स्वभाव मरने के बाद ही छूटते हैं। फलाने-फलाने गुण तो पैदाइश से नसीब में मिलते हैं। हमारी परिस्थिति और उनकी परिस्थिति में बहुत अंतर है। आखिरकार हम इनसान हैं; थोड़ा-बहुत गुस्सा, लालच तो होगा ही। नकारात्मक भाव तो आना स्वाभाविक है। सबकी अपनी-अपनी तकदीर है। इस तरह की मन को सांत्वना देनेवाली या आपको कमजोर करनेवाली अनेक नकारात्मक धारणाएँ आपको नई प्रोग्रामिंग करने में ब्रेक लगाएँगी, आप में सकारात्मक परिवर्तन आ सकता है, ऐसा दृढ विश्वास जमने नहीं देंगी। इसलिए जैसे ही ऐसे विचार आपके दिमाग में पुरानी

आदतवश उभरने लगें तो तुरंत एक गहरी श्वास लेकर पॉजीटिव कल्पना में जान-बूझकर डूब जाएँ। अगर आपको लगता है कि ये नकारात्मक विचार बार-बार तंग करते हैं तो सबसे पहले आप ध्यान कर यही प्रोग्रामिंग अपने अवचेतन मन की करें कि जब भी आप आँखें बंद करते हैं, आपको ब्रह्मांड से केवल पॉजीटिव विचार ही आते हैं। आपका पूरा दिमाग पॉजीटिव विचारों से भर जाता है, जो आपके जीवन को विकास, समृद्धि और शांति की ओर ले जाते हैं। ऐसा बिल्कुल न सोचें या कहें कि अब आपको नकारात्मक विचार नहीं आते; क्योंकि ऐसा कहने या सोचने पर आप नकारात्मक विचार की ही कल्पना कर रहे हैं। सकारात्मक विचार की तो आप में कोई कल्पना ही नहीं है। इसलिए ध्यान रहे, जो आपको चाहिए, उसकी कल्पना करें; जो आपको नहीं चाहिए, उसकी कल्पना बिल्कुल न करें।

इस तरह आप सबसे पहले इन नकारात्मक आदतों से मुक्त होकर बाद में ही किसी दूसरे प्रकार के सकारात्मक ध्यान के प्रयोग करें, अन्यथा आप सुबह-शाम मेहनत करते रहेंगे और सारे दिन उसके ऊपर पानी फेरते रहेंगे।

21 दिन से 30 दिन तक यह ध्यान करें : उपर्युक्त ध्यान के अभ्यास कम-से-कम 21 दिन से 30 दिन तक अवश्य करें। तब तक अवचेतन मन में गहरा प्रभाव होने लग जाएगा। अब यहाँ पर दो नियम काम करेंगे। पहला, दोहराने से कोई भी विचार या कल्पना मन का हिस्सा बन जाती है और एक नई आदत के रूप में आकार लेने लगती है। दूसरा, अवचेतन मन कल्पना को भी सच मानकर वैसे ही हार्मोंस एवं केमिस्ट्री में बदलाव लाने लग जाता है और उसी प्रकार की तरंगें निर्मित कर ब्रह्मांड में फेंकता है और अपनी ओर ऐसी ही तरंगों को आकर्षित करने लग जाता है; क्योंकि ब्रह्मांड में सबसे बड़ा एकमात्र विशाल ट्रांसमीटर अगर कोई है तो वह है हमारा अवचेतन मन, जो अरबों-खरबों मील एक सेकंड के भीतर प्रकाश की गति से भी अधिक तेज गति से, स्थान, सीमा और समय से परे हमारे विचारों को ट्रांसमिट कर सकता है।

□

16

सारी मन्नतें अवचेतन मन के खेल

भारत ही नहीं, संपूर्ण विश्व में एक सामान्य प्रचलन है। वह है कोई-न-कोई मन्नत माँगना, कोई व्रत रखना या ईश्वर को अपना काम सफल होने के बाद उसके दर्शन करने की, ईश्वर के साथ शर्त रखना, उसको कुछ-न-कुछ भेंट चढ़ाने की या उसके नाम पर कोई-न-कोई शारीरिक कष्ट देने की (उपवास, परिक्रमा, तीर्थयात्रा, कष्टपूर्ण चढ़ाई, बेस्वाद, नीरस जीवन जीना जैसे अनेक प्रयोग)। एक प्रकार से इसे हम 'आध्यात्मिक रिश्वत' कह सकते हैं।

यह एक बहुत बड़ी मानवीय कमजोरी है—हमारी ठेठ, भयंकर अज्ञानता के कारण। चूँकि किसी व्यक्ति को बचपन से न स्कूल या कॉलेज में, न घर में, न हमारे आध्यात्मिक गुरुओं के पास यह जानकारी मिल पाती है कि हर मानव अनेक असीम व सूक्ष्म शक्तियों का भंडार है, जिन हथियारों का वह उपयोग कर ब्रह्मांड में हर तरह की ऊर्जा के विपरीत दूसरी दिशा दे सकता है और न ही उसे प्रकृति के अदृश्य सूक्ष्म तरंगों के विज्ञान एवं नियमों की जानकारी मिल पाती है। इसलिए जब उसपर कोई कष्ट आता है तो वह अपने आपको बड़ा असहाय महसूस करने लगता है। उसको ऐसा लगता है कि जिस देवता या भगवान् पर मैं विश्वास करता हूँ, वह एक अहंकारी, व्यापारी किस्म का नेता है, जिसका थोड़ा नाम लेने से वह बड़ा खुश होता है। उसके नाम पर पहाड़ों की चढ़ाइयाँ, लंबी-लंबी परिक्रमाएँ, उपवास या शारीरिक कष्ट देने

से उसके (ईश्वर के) अहंकार को बड़ी तृप्ति मिलती है, जिससे वह खुश होकर हमारा काम कर देता है। यह मानव की एक बड़ी भ्रमपूर्ण नादानीवाली अवस्था है। कई लोग व्रत लेते हैं, संकल्प लेते हैं कि वे ब्रह्मचर्य का पालन करेंगे या नमक, चीनी, घी, मिठाई या कोई प्रिय वस्तु छोड़ देंगे या रोज मंदिर आकर दर्शन करेंगे। इस तरह के अनेक व्रत या संकल्प का सहारा लेते हैं।

भारत में एवं विश्व भर में कई ऐसे मंदिर हैं, जगहें हैं, जहाँ के बारे में यह प्रसिद्धि फैली होती है कि वहाँ पेड़ पर धागा बाँधने से या जल चढ़ाने से या चादर ओढ़ाने से या दूध पिलाने से या लंगर लगाने से उनके काम ईश्वर सफल कर देगा। यह भोले लोगों की भोली सोच है और व्यापारी लोगों की व्यापारी सोच भी। आदमी की इस गलत सोच के कारण सदियों से लोगों ने हजारों बकरियाँ, मुरगियाँ, जानवरों (जैसे अश्वमेध यज्ञ) आदि की बलि दी और अनेक महिलाओं के सतीत्व (इज्जत) की धज्जियाँ उड़ा दीं। पंडितों, तांत्रिकों या साधुओं के पास अपनी स्त्रियों को भेजकर और इन सबके पीछे एक ही भ्रमपूर्ण धारणा सदियों से रही है और आज तक भी है कि ऊपर एक ऐसा निर्दयी, अहंकारी, लालची, चापलूसी का भूखा या दयालु ईश्वर या शैतान

या एक शक्ति बैठी है, जो इन सभी अमानवीय, नादान, भ्रमपूर्ण हरकतों से बड़ा खुश होता है और तदनुसार फल दे देता है। हम इस बात को नकार नहीं सकते कि चाहे हिंदू हो, मुसलमान हो, ईसाई, चीनी या जापानी हो, सभी के काम किसी-न-किसी रूप में सफल होते हैं और अधिकतर लोगों के सफल नहीं भी होते हैं। अगर आप इन सभी व्रत लेनेवाले संकल्पधारियों को एक-एक कर पूछेंगे तो कोई कहेगा—कुछ भी नहीं हुआ। कई कहेंगे—कुछ प्रतिशत काम हो रहा है। कुछ कहेंगे—इंतजार है, भरोसा है कि होगा। कुछ कहेंगे कि उनका काम पूरी तरह सफल हो गया। तो कौन है इन सभी के कामों की सफलता या प्रतिशत का निर्णायक? क्या कोई ईश्वर, कोई शैतानी शक्ति है? बिल्कुल नहीं। सिर्फ आपका एकमात्र अवचेतन मन इसका जिम्मेदार है। सदियों से अवचेतन (भीतरी) मन की कार्यशैली की जानकारी का घोर अभाव रहा है, जिसके कारण सारी सफलता एवं असफलताओं का कारण ईश्वर को मान लिया गया। आज भी हमारे संत-महात्मा इस अवचेतन मन की शक्तियों से अनजान हैं और वे भी एक भयंकर अज्ञानता में सभी लोगों को यही संदेश दिए जा रहे हैं कि प्रभु भजो, उसकी तारीफ करो, उसका चढ़ावा बोलो। उसके जगह-जगह बने मंदिरों में जाकर उसके दर्शन कर उसको खुश करो, वह तुम्हारे सारे कष्ट तारेगा। अगर संत-महात्माओं को इस सत्य की जानकारी होती तो वे ऐसा भ्रम कभी नहीं बाँटते। भारत में एवं विश्व में अनेक ऐसे परम वैज्ञानिक संत-महात्मा भी हुए हैं और आज भी हैं, जो प्रकृति के इस महान् सत्य एवं रहस्यों से परिचित हैं और जो लोगों की आँखें खोल रहे हैं।

ईश्वर कानून बनाकर सो गया

हर मानव के दिमाग में सदियों से यह भ्रम, धारणा पल रही है कि ईश्वर नाम का एक व्यक्ति कहीं ऊपर आसमाँ में बैठा हुआ है, जो बड़ा सनकी है। कभी सुनामी पैदा कर देता है, कभी भूकंप द्वारा हजारों को बेघर कर देता है। आतंकवादियों को खूब सहयोग करता है, जिससे देश में खलबली मचती रहे। नेताओं को चालाकी और मक्कारी देता है, जिससे वे जनता को उल्लू बना

सकें। किसी को मरजी के अनुसार बरबाद कर कंगाल बना देता है, कभी किसी को खूब धन देकर मालामाल कर देता है। भारत को सदियों से गरीब बनाकर रखता है और अमेरिका व यूरोप को खूब समृद्धि एवं विज्ञान बख्शता है। जानवरों, गायों को इसलिए पैदा करता है कि कसाइयों द्वारा उनको बेरहमी से कटवाया जा सके। संसार की हजारों अव्यवस्थाएँ मानव सदियों से देखकर आज तक भी आँख नहीं खोल पाया कि इस संसार में ईश्वर नामक कोई अकेला व्यक्ति नहीं संचालन कर रहा है, बल्कि उसके बनाए गए नियम कार्य कर रहे हैं। वह तो कानून बनाकर स्थायी रूप से हमेशा के लिए सो गया। वह कुछ भी नहीं करता, न उसको कुछ करने में रुचि है; न वह आबाद करता है, न बरबाद करता है, न भाग्य व संयोग बनाता है और न बिगाड़ता है। सबकुछ यहाँ नियमानुसार घटता है। हम 24 घंटे सिर फोड़-फोड़ के रोते रहें या नाचते-गाते, हँसते रहें उसको कोई फर्क नहीं पड़ता। कहता है, तुम्हारा जीवन है, जैसा चाहे जीओ, मुझको क्या? तुम यहाँ फल खाकर 500 साल जिओ तो तुम्हारी मरजी! तुम यहाँ तंबाकू या जंकफूड खाकर 25 साल में मर जाओ तो तुम्हारी मरजी! ईश्वर को कोई फर्क नहीं पड़ता। मैंने इस कविता के रूप में कुछ ऐसे कहा है—

धरती को क्या बीज से नाता,
जैसा बीज को बोया जाता।
उसी स्वभाव, गुण, धर्म को लेकर,
कड़वा, मीठा फल बन जाता॥

कुदरत का कानून है धरती,
कर्म तुम्हारे बीज।
एक बीज के फल हजार हैं,
हजार फलों के लाखों बीज॥

कहें नंद नहीं कोई जगत् में,
नरक, स्वर्ग को देनेवाला।
नरक, स्वर्ग हम स्वयं रचते,
पल-पल जैसा बीज को डाला॥

आहार, व्यवहार, विचार से,
हर पल बीज जो बोय।
पल-पल फल बनता गया,
अचानक कुछ न होय॥

कहें नंद जागे रहो, सचेत रहो हर पल।
इस पल बोया बीज ही, फल लाएगा कल॥

□

17

संपूर्ण सत्ता केवल ईश्वर है

(ईशावास्यं इदं सर्वम्)

यह संपूर्ण सत्ता केवल ईश्वर है। सबकुछ केवल ईश्वर ही है। हम सभी उसकी अभिव्यक्तियाँ हैं। चारों तरफ बिखरी हुई इस संपन्नता को हमने ईश्वर कहा। इस संसार में भगवान् नहीं है, भगवत्ता है; गॉड नहीं है, गॉडलीनेस है, हमारे अपने अहंकार उसके स्वाद को अनुभव नहीं होने देते। जैसे ही हम अपने आपसे, अपनी इमेज के अहं से मुक्त होते हैं, हम स्वयं ईश्वर-स्वरूप हो जाते हैं। इसलिए हमें ईश्वर के प्रति हमारी धारणाओं को बदलना होगा, उसे अंधविश्वास से मुक्त कर विज्ञान और सत्य के साथ जोड़ना पड़ेगा। उसके द्वारा बनाए गए नियमों को सम्मान देकर उसकी महानता एवं रचना की स्थापना करनी पड़ेगी।

ईश्वर को आपकी मनोकामना, आपके कष्ट, आपके वीजा या विदेश जाने की समस्याएँ, आपके संबंध, आपके रोग, आपके मुकदमों से कोई लेना-देना नहीं है। आप जैसे ही किसी भी ईश्वर के स्वरूप पर श्रद्धा कर (चाहे वह मजार हो, मंदिर हो या मसजिद हो) अपने आपको समर्पित करते हैं, आपका अवचेतन मन सक्रिय हो जाता है और आपका मस्तिष्क ब्रह्मांड के साथ जुड़ जाता है। अब आपके सारे व्रत, सारे संकल्प, सारी तपस्याएँ, सारी आराधनाएँ जिस भाव (Intention) को प्रबलता से बार-बार सोचते हैं, दोहराते हैं, उसको कल्पना में पाते हुए या सफल होते हुए देखते हैं, पूर्ण

संदेह-रहित, विश्वास एवं श्रद्धा के साथ आप उसको प्राप्त होते हुए देखते हैं तो वही आपकी प्रबल भावनात्मक तरंगें अवचेतन मन को प्रभावित कर ब्रह्मांड से आकर्षित करवा लेती हैं।

ब्रह्मांड तो खजाना है अनंत शक्तियों का, समृद्धियों का। आप अपने भीतर उन विशेष शक्तियों से संबंधित विशेष भाव को प्रबल कर चुंबकीय ऊर्जा पैदा करते चले जाएँ। वे विशेष ऊर्जाएँ ब्रह्मांड से आपकी ओर अपने आप खिंची चली आएँगी। इसमें ईश्वर का कोई लेना-देना नहीं। आप चाहें तो स्वयं चुंबक बनकर ब्रह्मांड से खींच लो, लूट लो या संदेह, अधूरा विश्वास या अवरोध पैदा कर वंचित रह जाओ, चुनाव आपका है। सूर्य तो सबके ऊपर एक-सा प्रकाशमान होना चाहता है; पर यदि आप चाहें तो खुले मैदान में आकर, घर की सारी खिड़कियाँ-दरवाजे खोलकर उसकी किरणों को लूट लो या घर में छुपकर सारे खिड़कियाँ-दरवाजे बंद कर इस प्रकाश से अपने आपको बचा लो। ईश्वर को कोई फर्क नहीं पड़ता। निर्णय आपका है।

हमसे ज्यादा ईश्वर ने हमारा किया विचार है।
खूब लुटाने बैठा वो लूट लो जो तैयार है॥

जब आप व्रत लेते हैं या उपवास करते हैं, तब आप 24 घंटे इसी कामना को सोचते रहते हैं या कल्पना में देखते रहते हैं कि मुझको यह पाना है या हासिल करना है। ये ही आपके सशक्त भाव एवं कल्पनाएँ आपके अवचेतन मन को प्रभावित करती रहती हैं। सारे व्रत, संकल्प, उपवास, आपके भाव, आपकी चाहना को दृढता देते हैं, भाव की ऊर्जा को प्रबल करते हैं, इसलिए आपकी मन्नतें, आपकी मनोकामनाएँ अवचेतन मन द्वारा आकर्षित होकर सफल हो जाती हैं। आपकी मनोकामनाओं, मन्नतों को सफल या असफल करने में ईश्वर को कोई रुचि नहीं है, न ही वह हमारे मन के इन खेलों में हिस्सा ही लेता है।

आपकी मन्नतें एवं प्रार्थनाएँ इस बात पर सफल या असफल होती हैं कि उनका मूल आधार क्या है ? अगर आपकी मन्नत और प्रार्थनाओं का मूल आधार लालच, भय, स्वार्थ, हिंसा, जलन, शत्रु-नाश, किसी की भी हानि से जुड़ा हुआ है और आपके मन में देने के बजाय लेने की प्रवृत्ति है, आप

उसके लिए कुछ भी त्यागने को तैयार नहीं हैं, कुछ छोड़ने को तैयार नहीं हैं तो अवचेतन मन को भीतर-ही-भीतर यह संदेश दे रहे होते हैं कि मेरे लिए मन्नत से ज्यादा मेरी आदतें, मेरे स्वाद, मेरे सुख ही ज्यादा महत्त्वपूर्ण हैं। मन्नत की तुलना में मैं इन सभी को नहीं छोड़ सकता, तो अवचेतन मन इस भाव के पीछे प्रबल अर्थ न होने के कारण मन्नत को बहुत हल्के से लेता है और उसकी सफलता की कोई ऊर्जा प्रबलता से निर्मित नहीं करता। इसके ठीक विपरीत जो लोग मन्नत के साथ, अच्छी भावनाओं के साथ, प्रेम, शांति, सौहार्दता, जीवन, व्यापार, संबंधों के विकास के लिए मनोकामनाएँ करता है और इसके लिए वे बदले में अपनी पसंद की चीजें, आदतें, स्वाद, सुख छोड़ने को तैयार रहते हैं, वे लोग अवचेतन मन को यह संदेश देते हैं कि मैं अपने व्यक्तिगत सुख, स्वाद, आदतों, प्रिय वस्तुओं के मुकाबले में माँगी जानेवाली मन्नत को ज्यादा प्रधानता देता हूँ और इस मन्नत के लिए मैं कुछ भी कुरबान कर सकता हूँ। मुझे हर हालत में इस मन्नत को हासिल करना है। फिर हम 24 घंटे इन व्रत संकल्पों के कारण यही जाप करते रहते हैं कि मुझे इसे हर हाल में हासिल करना है। इसी को पाने की हर वक्त कल्पना करते रहते हैं तो हमारे पूरे आभामंडल में हमारी मन्नत की तरंगों का एक चुंबकीय जाल बुनता चला जाता है। तब अवचेतन मन के दोनों नियम वहाँ सक्रिय हो जाते

हैं। एक कोई भी भाव को दोहराने से कंडीशनिंग हो जाती है और अवचेतन मन कल्पना को भी सच मानकर वैसी ही परिस्थिति और लोगों को अपनी तरफ आकर्षित करने लग जाता है।

यहाँ पर यह भी समझने की बात है कि अवचेतन मन अच्छा-बुरा नहीं जानता। वह हर तमन्ना एवं मन्नत के फल देता है, चाहे वह मन्नत शैतान करे या इनसान। अगर शैतान व्यक्ति जैसे ओसामा बिन लादेन या वीरप्पन जैसे व्यक्तित्व अपनी मनोकामनाओं को हासिल करने के लिए मरने-मारने को तैयार हैं, धार्मिक अंधता के लिए प्राण त्यागने को तैयार हैं (हाल ही में 11 सितंबर को अमेरिका के दो बड़े टॉवर वर्ल्ड ट्रेड सेंटर का हवाई हमलों से ध्वस्त होना, इसका सशक्त प्रमाण है) तो ऐसे दृढ संकल्पी शैतान को भगवान् भी नहीं रोक सकता; क्योंकि अवचेतन मन को दिया जानेवाला इतना अटल दृढ विश्वास-भाव बहुत गहरे रूप से प्रभावित कर उसको फलीभूत करने के लिए मजबूर कर देगा। अकसर बड़े-बड़े तांत्रिक, प्रतिशोध की आग में जलनेवाले लोग ऐसी दृढ़ भावनाओं द्वारा अपनी मन्नतों को सफल कर जाते हैं, भले ही उस मन्नत से संसार का अहित हो रहा हो। परंतु शैतान अपने मन में इसे अपने लिए सही होने की तरंग और कल्पनाएँ देता है। हमारे अवचेतन मन को भी यह संदेश जाता है कि आप किसी सकारात्मक विचार की कल्पना कर रहे हैं, जिससे आपके शरीर के हार्मोंस एवं केमिस्ट्री शरीर में एक सकारात्मक परिवर्तन

लाती है। हमारे कोषाणु एक शांत व शिथिल अवस्था में होने के कारण हमारे आभामंडल का खूब विस्तार और विकास होता है। आपके भाव, आपकी कामना बहुत अच्छी है, पॉजीटिव है; परंतु आपकी माँग भविष्य में है, वर्तमान में नहीं है। प्रकृति के नियम, सूक्ष्म जगत् के नियम, हमारा अवचेतन मन अतीत और भविष्य को नहीं जानता। इनके लिए अतीत व भविष्य जैसे शब्द होते ही नहीं। अतीत और भविष्य सिर्फ मानव के लिए हैं। प्रकृति के नियमों में सिर्फ वर्तमान का अस्तित्व है। ब्रह्मांड और अवचेतन मन सिर्फ वर्तमान की मौजूद अवस्था की कल्पना को ही स्वीकार करता है, भविष्य की नहीं। अगर भविष्य की कल्पनाओं को साकार करता तो शेख चिल्ली के सुनहरे सपने, आलसी लोगों के सुनहरे सपने बैठे-बैठाए अवचेतन मन साकार करता रहता। चूँकि सारे संसार में प्रार्थनाएँ भविष्य के भाव में की जाती हैं, इसलिए इतनी प्रार्थनाओं के बावजूद संसार में कोई फर्क नहीं पड़ता, न कोई परिवर्तन आता है। हाँ, अच्छे भावों की तरंगों के कारण एक सकारात्मक ऊर्जा एवं वातावरण का अवश्य निर्माण होता है, जिसका थोड़ा-बहुत लाभ मिलता ही है; परंतु फलीभूत नहीं होता, क्योंकि अवचेतन मन और ब्रह्मांड में फलीभूत होने योग्य वर्तमान भाव की ऊर्जाएँ फेंकी ही नहीं गईं।

हमारी प्रार्थनाएँ हमें वर्तमान में निर्मित करनी पड़ेंगी, जैसे 'हमारे जीवन में शांति-ही-शांति है', 'सारे विश्व में शांति-ही-शांति है', ऐसा कहें। 'हमारी सुरक्षा करो भगवान्' के बजाय 'हम हर पल सुरक्षित हैं'; 'हमें सद्‌बुद्धि दो' के बजाय कहें कि 'हमारे भीतर फलानी फलानी सद्‌बुद्धि है, हम सन्मार्ग पर हैं', 'हमें शक्ति दो' के बजाय कहें 'हममें शक्ति है', हमारी स्मरण-शक्ति तेज कर दो के बजाय कहें, 'हमारी स्मरण-शक्ति तेज है'। तो इस तरह सारी प्रार्थनाएँ, वर्तमान में दें और कल्पना में उसको घट चुकी या हो चुकी या प्राप्त हो चुकी अवस्था में निःसंशय देखना है। तभी अवचेतन मन उसको स्वीकार कर ब्रह्मांड में फेंकता है और ब्रह्मांड से 'समान ऊर्जा समान ऊर्जा को आकर्षित करती है' the like energy attracts the like के आकर्षण के नियमों के अंतर्गत उसी समान ऊर्जा को अपने जीवन में आकर्षित कर फलीभूत करने लग जाती है। यह प्रकृति का अटूट व अचूक नियम है।

अच्छे जीवन की आशा करना, अच्छे सपने देखना, शुभकामनाएँ करना, सुखद भविष्य की कामना करना एक स्वाभाविक मानवीय गुण है, जो सदियों से मानव सोचता आया है और उसे प्रार्थनाओं द्वारा अभिव्यक्त करता आया है। चाहे ऋषि-मुनि हों, चाहे महात्मा हों, चाहे महाविद्वान् हों; अतीत में ये सभी अवचेतन मन के विज्ञान के, जानकारी के अभाव में सामान्य मानव की प्रार्थनाएँ निर्मित कर गए और हम लोग भी सदियों से इन्हीं भविष्य काल की प्रार्थनाओं को निस्संदेह उपयोग करते चले गए।

सदियों से मानव हजारों सालों से इतनी तरह-तरह की शक्तिशाली प्रार्थनाएँ करता चला आ रहा है। समूह-के-समूह प्रार्थना करते रहे हैं, आप भी कर रहे हैं। क्या हो गया इन प्रार्थनाओं का? कहाँ चली गईं इनकी ऊर्जाएँ? क्या ब्रह्मांड बहरा हो गया, जो इसकी अनसुनी कर फलीभूत ही नहीं कर रहा है? इतनी विराट् प्रार्थनाओं के अगर ब्रह्मांड में कोई जबरदस्त बीज पड़ते तो अब तक तो विश्व, समाज एवं मानव के जीवन में क्या कुछ सकारात्मक घट चुका होता, खूब पेड़-पौधे वृक्ष के फल मिल चुके होते। परंतु हम आज के विश्व की हालत को अच्छी तरह जानते हैं कि हम किन हालात में जी रहे हैं। न बीज पड़े, न फसल आई; हम भविष्य की कल्पना में जीते चले गए। हमें भविष्यवादी प्रार्थनाएँ नहीं, वर्तमानवादी प्रार्थनाएँ चाहिए। अवचेतन मन और ब्रह्मांड के नियम वर्तमान के अलावा किसी भी तरंगों को स्वीकार नहीं करता। इसलिए प्रार्थना ऐसी बनाएँ, जो वर्तमान में हों, जिसकी कल्पना वर्तमान की 'मौजूद है', 'हो चुका है', 'घट चुका है'—ऐसी अवस्था में की जा सके। पूरे विश्वास और भाव के साथ जब आप ऐसी प्रार्थना करेंगे तो हमारा अवचेतन मन इसको सच मानकर वैसी ही तरंगें ब्रह्मांड में फेंक देगा और आकर्षित कर लेगा—आपकी कामनाएँ, इच्छाएँ एवं सपने।

□

18

अच्छे या बुरे भावों से कैसे मिलता है फल

अच्छे या बुरे भाव रखकर हम किसी पर एहसान नहीं करते। हम इनके प्रभाव में आकर स्वयं का फायदा या नुकसान कर रहे होते हैं। अच्छे भाव बहुत हल्के होते हैं। जैसे ही हम अच्छे भावों के साथ जुड़ने लगते हैं, हमारा शरीर तुरंत हल्का होने लगता है और हमारा आभामंडल फैलने लगता है और बुरे व नकारात्मक भावों में हमारा शरीर भारी होने लगता है और हमारा शरीर तनाव के प्रभाव में आकर आभामंडल सिकुड़ने लगता है।

अच्छे भाव (प्रेम, करुणा, मैत्री, परोपकार, सौहार्दता, सहयोग, अहिंसा, निरहंकारिता, दान, शांत अवस्था, विनम्रता, समान भाव, खुशी, आत्मविश्वास, दृढता,

समर्पण, प्रार्थनाएँ, ध्यान, संगीत इत्यादि) जैसे ही हम अपने शरीर में पैदा करते हैं, हमारा अवचेतन मन इन भावों से प्रभावित होकर पॉजीटिव हार्मोन्स स्रावित करता है, जिससे हमारा स्नायुमंडल, कोषाणु शिथिल होकर रक्त-संचालन से भर जाता है और हममें हमारी रचना, क्षमता, विकसित होकर आभामंडल का विस्तार करती है। जितना हमारा आभामंडल विकसित होता है, उतना ही हमारा चुंबकीय प्रभाव बढ़ जाता है। हमारी उपस्थिति दूसरों को भी सकारात्मक रूप से प्रभावित करती है। हम ब्रह्मांड से ज्यादा प्राण ऊर्जा ग्रहण करने लग जाते हैं। इसका गहरा प्रभाव हमारे शरीर पर स्वास्थ्य के रूप में एवं आत्मा के ऊपर पुण्य के रूप में पड़ता है, जो हमारे अगले सुखद भविष्य का कारण बनता है। अच्छे भावों में शरीर इतना हल्का हो जाता है कि आपको उछलने-कूदने, नाचने-गाने, प्रेम करने, संगीत बजाने, दिल खोलकर दान देने का मन करता है।

इसके ठीक विपरीत सारे नकारात्मक भाव (जैसे—घृणा, द्वेष, जलन, निंदा, ईर्ष्या, क्रोध, घुटन, भय, विवाद, हिंसा, अहंकार, चिड़चिड़ापन इत्यादि) जब हम अपने शरीर में पैदा करते हैं, तब इन भावों से अवचेतन मन तुरंत प्रभावित होकर विषात्मक हार्मोन्स स्रावित करने लग जाता है, जिसके कारण हमारा स्नायुमंडल तनाव में आकर सिकुड़ने लगता है और रक्त-संचालन को कमजोर कर शरीर को विषाक्त कर भारी करने लगता है। इससे हमारा आभामंडल सिकुड़कर छोटा हो जाता है। आभामंडल छोटा होने पर हमारे चारों ओर जो भी हानिकारक ऊर्जाएँ होती हैं, चाहे वे ग्रहों की हों या काले जादू की हों या वे वास्तुदोष की हों या घर के टी.वी., कंप्यूटर के विकिरणों

की—हमारे आभामंडल के प्रबल प्रतिरोध न कर पाने के कारण हमें नुकसान करने लगती हैं, जिसका फल हमें दुःख, दुर्भाग्य और घातक रोगों के रूप में मिलता है। अच्छे-बुरे भावों से कोई प्रभावित होता है तो वह है हमारा अवचेतन मन। हमारा अवचेतन मन क्या अच्छा है या क्या बुरा है, इसको बिल्कुल नहीं जानता। वह तो सिर्फ भावों को चुपचाप प्रतिक्रिया कर हमें लाभ या हानि दे देता है। कैसे भाव हम पैदा करें, यह चुनाव हमें करना है। बेहोश व्यक्तित्व अनजाने में अच्छे-बुरे भाव पैदा कर लाभ-हानि उठाता रहता है। जागा हुआ, विवेकपूर्ण व्यक्तित्व श्रेष्ठ व सकारात्मक भावों को ही जानबूझकर चुनकर उसका लाभ उठाता रहता है। अतः सारे अध्यात्म का यही एकमात्र निचोड़ जानकर अपना मनचाहा चुना हुआ जीवन चुनें।

□

19

अच्छे गुण आपको बरबाद भी कर सकते हैं

जी हाँ, पढ़ने में यह बात आपको जरूर अजीब लग रही होगी, परंतु है ठोस सच्चाई। सत्य, ईमानदारी, अनुशासन, आदर्श, नीति जैसे गुण आपको बरबाद कर सकते हैं, दु:खी कर सकते हैं, रोगी कर सकते हैं। जो लोग ईमानदार होते हैं, वे अपनी ईमानदारी को लेकर भाँगड़ा नहीं करते। वे दूसरों की बेईमानी से सारे दिन नाखुश रहते हैं, उसकी चर्चा करते हैं, निंदा करते हैं। इससे वे अवसाद में रहते हैं। उनका पूरा फोकस उन बेईमानों के जीवन की ओर ही रहता है, वे बेईमानी को ही खोज रहे होते हैं। हैं हम ईमानदार, खोजते हैं बेईमानी, तो हमारे चारों ओर बेईमानी ही झलकने लगती है। हम बेईमानी की ऊर्जा को ही हर पल सोचकर, कल्पना कर अपने जीवन में, अपने आसपास आकर्षित कर रहे होते हैं; जबकि हमें हमारी ईमानदारी पर फोकस करना चाहिए।

जो सत्यवादी होता है, वह दूसरों के झूठ से अपने अंदर आग लगाकर ब्लड प्रेशर बढ़ा देता है;

जैसे उसने कसम खा रखी हो कि वह दूसरों के झूठ से खुद को बरबाद कर देगा, अपने सत्य के मजे नहीं लेगा।

इसी तरह अनुशासनप्रिय भी आत्मघाती प्रवृत्ति का होता है। नीतिवान्, आदर्शवादी एवं विशेष धारणाओं के लोग भी ऐसे ही होते हैं। वे हर वक्त अपने अनुशासन के स्केल से दूसरों की अनुशासन-विहीनता को मापते रहते हैं। अनुशासन-प्रिय का पूरा फोकस अनुशासन-विहीन लोगों पर रहता है। वह कदम-कदम पर लोगों की अनुशासनहीनता से दुःखी रहता है। वह हर पल अनुशासन-विहीन लोगों से त्रस्त रहता है, तनाव में रहता है, कुढ़ता रहता है, चिढ़ता रहता है, गुस्सा करता रहता है, नाखुश रहता है, अतृप्त रहता है, बेचैन रहता है। ऐसा व्यक्तित्व हर पल किस प्रकार के भाव के बीज डाल रहा है, क्या कल्पना में देखता रहता है, वही हमारे अवचेतन मन को प्रभावित कर रहे होते हैं, जिससे वह न सिर्फ अपने लिए गलत संस्कार निर्मित कर रहा होता है, बल्कि अपने चारों ओर नकारात्मक लोगों को आकर्षित करने की ऊर्जा भी निर्मित कर रहा होता है।

अगर सत्यवादी, ईमानदार, अनुशासनप्रिय एवं आदर्शवादी व्यक्तित्व अपने सद्गुणों से अहंकार निर्मित कर लेता है कि वह सामान्य लोगों से हटकर एक अलग हस्ती है, वह उनसे उत्कृष्ट (सुपीरियर) है तो यह अहंकार भी उन्हें दुःख और तनाव देने का कारण बन जाता है; क्योंकि अहंकार हमारे शरीर एवं मन के लिए नकारात्मक भाव है। इससे हमारा आभामंडल सिकुड़कर छोटा हो जाता है; क्योंकि ऐसा व्यक्तित्व एक विशेष विचारधाराओं में बंद (Lock) हो जाता है। इस अहंकार के प्रमाद में वह लोगों से झगड़ा, तनाव, शत्रुता, अप्रियता मोल लेता रहता है, इसलिए प्रकृति के नियमानुसार उसका जीवन हमेशा दुःखद व तनावपूर्ण रहता है।

अगर आप में सद्गुण हैं तो रोज नृत्य करें और नित्य प्रार्थना करें कि सभी का जीवन ऐसा ही हो। गलत लोगों को करुणा व मैत्री के भाव से देखें कि ये लोग आँखों पर पट्टी बाँधकर जी रहे हैं। उनका मार्गदर्शन कर दो, जगा दो, प्रेरणा देते रहो और अपना जीवन मस्ती से जीते रहो।

□

20

अंत:प्रेरणा का खजाना अवचेतन मन

अंतरिक्ष जगत् और ब्रह्मांड जगत् का कोई श्रेष्ठ और बड़ा माध्यम है तो वह है हमारा अवचेतन मन। सूक्ष्म जगत् की अदृश्य ऊर्जाओं की, शक्तियों की अभिव्यक्ति का यह एकमात्र प्रमुख केंद्र है। इस केंद्र के द्वारा हम भूत-भविष्य की अदृश्य ऊर्जा—जो है, परंतु दिखती नहीं है, जिसे हम चेतन मन और सामान्य शारीरिक संवेदनाओं से या इंद्रियों से देख नहीं सकते, सुन नहीं सकते, उन अदृश्य तरंगों को हम अवचेतन मन द्वारा ही देख सकते हैं या सुन सकते हैं। सूक्ष्म ऊर्जाओं को देखने की कला को अंतर्दृष्टि कहा जाता है, जिसे 'दिव्य दृष्टि' या 'तीसरी आँख' भी कहते हैं। सूक्ष्म ध्वनियों को सुनने को आंतरिक श्रवण कहा जाता है। इसमें हमें अंत:प्रेरणा के रूप में आवाजें आती हैं, जैसे कोई दिव्यात्मा हमारे कानों में फुसफुसा रही होती है।

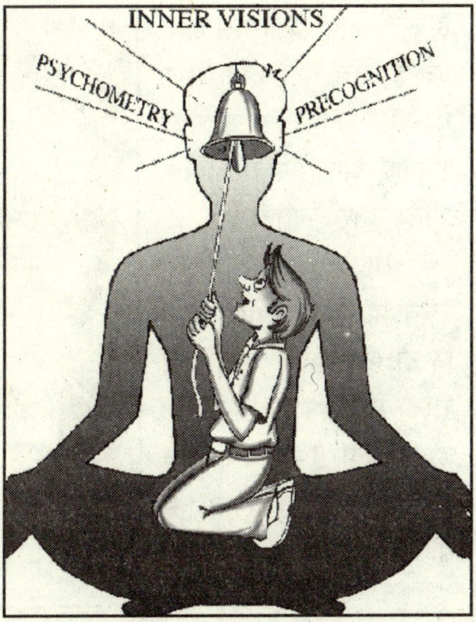

संसार में आज तक जितने भी आविष्कार हुए हैं, गीत लिखे गए हैं, साहित्य व संगीत रचे गए हैं, चित्रकारी की गई है, बड़ी-से-बड़ी उपलब्धियाँ प्राप्त हुई हैं, उन सभी में चेतन मन का योगदान बहुत सीमित है। अवचेतन मन (अंत:प्रेरणा) का प्रमुख योगदान है। चेतन मन एक आधार, जमीन तैयार करता है; परंतु उसमें जीवन, प्राण तो अवचेतन मन द्वारा प्राप्त अंत:प्रेरणा ही भरती है। चेतन मन से हम जितना चाहें प्रयास कर लें, हम जबरदस्ती प्रयास कर एक हद तक ही कुछ रच सकते हैं और जो भी रचते हैं, उसमें हमें यह अंदर से अवश्य महसूस होता है कि यह कामचलाऊ रचना है, जीवंत नहीं है, जोरदार नहीं है। उसमें एक आत्मा या सुगंध का आभास नहीं होता; क्योंकि आपको अपनी व्यावसायिक मजबूरी के कारण उसको रचना है या इसलिए ऐसी रचनाएँ कुछ दिनों के बाद लुप्त हो जाती हैं, उन्हें कोई याद नहीं करता। लेकिन जब आपका चेतन मन किसी रचना पर प्रयास करते-करते थक जाता है और आप भी प्रयास छोड़ देते हैं, तब फिर अंत:प्रेरणा के जगत् से दिव्य प्राण-युक्त रचनाएँ आसमान से आपके भीतर उतरने लगती हैं।

ब्रह्मांड से दिव्य रचनाओं के आकर्षित करने के दो ही रास्ते हैं और दोनों रास्तों में चेतन मन का लुप्त होना होता है। प्रथम, जब आप किसी भी रचना में पागलों की तरह दीवानगी

की हद तक पूरी तरह डूब जाते हैं; न खाने की चिंता, न समय की, तब आपका चेतन मन लुप्त हो जाता है और आप अवचेतन मन के आंतरिक जगत् से प्रेरणा एवं मार्गदर्शन पा रहे होते हैं या फिर दूसरे नंबर पर जब आप चेतन मन के प्रयास से थककर परमात्मा पर सबकुछ छोड़ देते हैं, तब प्रयास छोड़ते ही ज्ञान, रचनाएँ या मार्गदर्शन ऊपर से लगते हैं। वैज्ञानिक, संगीतकार, साहित्यकार, चित्रकार या अन्य तकनीकी कलाकार इस शक्ति को प्रत्यक्ष अधिकतर समय अनुभव करते ही हैं और ऐसी रचनाएँ सदियों तक यादगार रहती हैं। यहाँ यह सच्चाई समझना आवश्यक है कि इस सारी अंत:प्रेरणा की सफलता में जितना अवचेतन मन का योगदान है, उतना ही चेतन मन का भी; क्योंकि जब तक चेतन मन किसी भी सपने का जाल नहीं बुनता, तब तक अंत:प्रेरणा की मछली फँसती भी नहीं है। इसलिए चेतन मन जमीन तैयार करता है, आधार तैयार करता है, एक प्लेटफॉर्म तैयार करता है, जिस पर आकर अंत:प्रेरणा नाचती है। अंत:प्रेरणा अपने आप कभी नहीं उतरती। चेतन मन में कामना (इच्छा) कर सहज होना ही चाहिए। ऐसा नहीं होता तो आज से 200–300 साल पहले अनेक आधुनिक विज्ञान, संगीत, साहित्य एवं विकास लोगों के मन में उतर चुके होते। चूँकि उस समय मानव मस्तिष्क के चेतन मन में ऐसी इच्छाएँ प्रबल नहीं थीं, न ही सपने—जैसे-जैसे वह समय के साथ-साथ इच्छाएँ एवं सपने प्रबल करता चला गया, अंत:प्रेरणाओं द्वारा ज्ञान एवं मार्गदर्शन उतना ही उतरता चला गया। चेतन मन के सक्रिय हुए बिना अंत:प्रेरणा अपने आप स्वत: सक्रिय नहीं होती।

अंत:प्रेरणा का रचनात्मक जगत् अनंत है। हमारे जीवन में लगातार चले आ रहे फैशन नए-नए आविष्कार, संगीत, साहित्य, सिनेमा, तकनीकी रचनाएँ इस सत्य को प्रमाणित करती हैं। अंत:प्रेरणा हर मानव में स्वाभाविक क्षमता है। आपको वह नित्य, रोज, कदम-कदम पर, अनेक दृश्य, श्रवण या आपके हृदय में एक आंतरिक संवेदना के माध्यम से मार्गदर्शन देती रहती है; परंतु अधिकतर समय हम अपने तर्कशील व बुद्धि-युक्त दिमाग को ज्यादा प्रधानता देकर इस आंतरिक आवाज को दबा देते हैं। हर व्यक्ति यह अच्छी तरह जानता है कि अनेक कामों में उनकी अंतरात्मा कुछ और कह रही होती है (यह

अंतरात्मा की आवाज अंत:प्रेरणा ही है) और तर्क बुद्धि कुछ और ही कह रही होती है। ऐसे हालात में बहुत कम लोग अंत:प्रेरणा (अंतरात्मा) की आवाज को महत्त्व देते हैं और अधिकतर तो तर्क बुद्धि के वशीभूत होकर निर्णय लेते हैं, जिससे उन्हें बाद में जाकर पछताना पड़ता है। यह कहते हुए कि काश, हम अंतरात्मा (ईश्वर) की आवाज को सुन लेते। भोले और भक्ति-भाव वाले लोग अकसर अंतरात्मा की ज्यादा सुनते हैं; जबकि पढ़े-लिखे, विद्वान् लोग तर्कबुद्धि को अधिक महत्त्व देते हैं। अध्ययन एवं सर्वेक्षण के आधार पर यह प्रमाणित है कि दुनिया में जितने भी बड़े-बड़े सफल लोग हुए हैं, उनमें उन्होंने अंत:प्रेरणा की आवाज को अधिक महत्त्व दिया है।

प्रकृति, परमात्मा या यह ब्रह्मांड हर पल आपको सही मार्गदर्शन देने के लिए उतावला है; परंतु चेतन मन (बुद्धि, तर्क) से मुक्त ही नहीं होते, उसी में उलझे रहते हैं, जैसे ही हम समर्पण भाव में आते हैं। परमात्मा या अंत:प्रेरणा काम करना शुरू कर देती है। चेतन मन में जाल बुनें, आकांक्षा करें, पूरी दृढता एवं समग्रता से सामान्य जो दैनिक प्रयास है, वह दिल से करें परंतु साथ-ही-साथ शांत होकर, ध्यान कर, समर्पण भाव में आकर ब्रह्मांड से मार्गदर्शन भी माँगें, ये विश्वास रखते हुए कि चेतन मन सीमित है,

अवचेतन मन असीम है। समयानुसार आपके भीतर अंत:प्रेरणा की झलक चमकती रहेगी। उसकी रोशनी अपने आप सही मार्ग की ओर ले जा रही होगी। समर्पणवादी, भावनावादी, भक्त लोग इस आंतरिक शक्ति या मार्गदर्शन का खूब अच्छा लाभ उठाते हैं, यह कहते हुए कि हमारा ईश्वर या हमारे गुरु 'हमारा' हर पल मार्गदर्शन करते हैं।

कैसे पहचानें अंत:प्रेरणा?

अंत:प्रेरणा ने शब्द ही अपने आप में स्पष्ट संकेत देता है कि जो मार्गदर्शन, जो विचार अंदर से आएँ, आत्मा से उठें, जिसमें दिमाग या तर्कबुद्धि का कोई उपयोग नहीं हुआ हो, जो चेतन मन से नहीं बल्कि अवचेतन मन से आया हो; जो जबरदस्ती विचार बुद्धि से लाया नहीं गया, बल्कि आपके भीतर शांत अवस्था में अपने आप उतरा, उसका ही नाम अंत:प्रेरणा है। अगर आप अपनी किसी समस्या या प्रश्न का ईश्वरीय समाधान चाहते हैं, जिसका दिमाग (बुद्धि, तर्क) से कोई हल नहीं निकल रहा है तो अपने भीतर एक प्रबल आकांक्षा, इच्छा पैदा करें कि आपको इसका जवाब ब्रह्मांड से चाहिए। अपने ईश्वर, गुरु, पुरखे, दिव्यात्माएँ, जिनको भी आप मानते हैं, उनसे मार्गदर्शन की माँग करें—पूरी श्रद्धा एवं विश्वास के साथ और चुपचाप अपने काम में लगे रहें। ध्यान रहे, अंत:प्रेरणा का इंतजार करेंगे या प्रयास करेंगे या बेचैन हो जाएँगे कि अब तक क्यों नहीं आया, तो आपके भीतर अंत:प्रेरणा कभी नहीं आएगी, क्योंकि आप मौजूद हैं। अंत:प्रेरणा का नियम है संपूर्ण विश्वास, श्रद्धा। आपके बीच में मौजूद न रहे तो वह अपने आप अचानक आपके भीतर उतरती हुई आ जाएगी। या तो कोई अनसोचा, अनपेक्षित विचार आपके दिमाग में अचानक कौंधने लगेगा या फिर आपको अपने सपने में इसका मार्गदर्शन मिलेगा या फिर ऐसा व्यक्ति आपके संपर्क में आ जाएगा, जिसमें आपको अपनी समस्या का समाधान मिलता हुआ प्रतीत होगा। इसमें ईश्वर या भाग्य का कोई लेना-देना नहीं है। यह शुद्ध प्रकृति के नियमों के अंतर्गत घटता है। आप जब भी अपने अंदर एक विशेष विचार बड़ी बेचैनी से रात-दिन खोज रहे होते हैं तो बेचैनी की अवस्था में चेतन मन सक्रिय रहता है और पूरे शरीर में

एक तनाव निर्मित होने लगता है, संवेदनाएँ सख्त हो जाती हैं। इसलिए आप अंत:प्रेरणा की तरंगों को ग्रहण करने के लिए अच्छे ग्राहक नहीं हैं। लेकिन जैसे ही आप ईश्वर पर छोड़ देते हैं (यानी चेतन मन, बुद्धि, तर्क बीच में लाना बंद कर देते हैं) शांत अवस्था में या निद्रा की अवस्था में, निश्चिंतता में धीरे-धीरे अंत:प्रेरणा, मार्गदर्शक के रूप में आपके भीतर उतरने लगती है। यहाँ पर आपको समझना यह है कि जहाँ प्रबल आकांक्षा, तड़प, इच्छा, खोज, बेचैनी भी जरूरी है वहीं शांति, निश्चिंतता, समर्पण, श्रद्धा, विश्वास भी जरूरी है। इन दोनों के समन्वय से अंत:प्रेरणा का जन्म होता है।

गीता, कुरान, बाइबिल, गुरुग्रंथ, धम्मपद, जिन पद, उपनिषद् जैसे विश्व के महान् सत्य से भरे शास्त्र चेतन मन से नहीं, अवचेतन मन, अंत:प्रेरणा, ब्रह्मांड से उतरे हैं। कृष्ण, बुद्ध, मोहम्मद, यीशु या नानक तो माध्यम मात्र हैं। ऐसे महान् सत्य तो इन जैसे शुद्ध व पवित्र शांत आत्माओं के भीतर ही उतर सकते हैं, जिनके भीतर चेतन मन हमेशा के लिए शांत हो जाता है।

अंत:प्रेरणा के कई प्रकार

अंत:प्रेरणा के कई प्रकार हैं। ये सारे प्रकार घटित होते हैं सिर्फ और सिर्फ अवचेतन मन के द्वारा।

अंतर्दृष्टि

हर सामान्य व्यक्ति में यह स्वाभाविक क्षमता या शक्ति होती है कि वह मन की आँखों से भूत या भविष्य की घटनाओं को या सूचनाओं को देख सके।

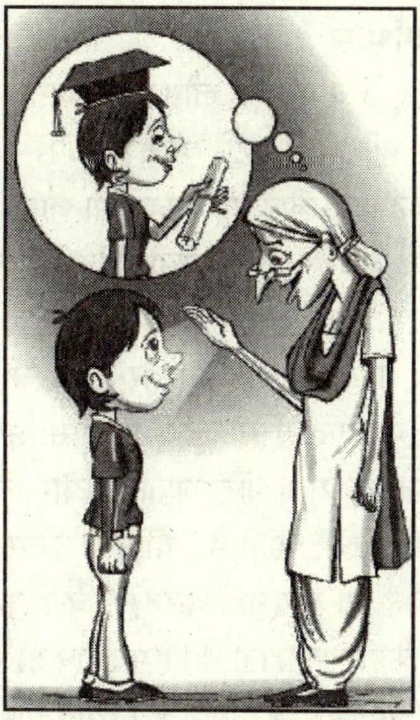

हम सभी अकसर इस बात को जीवन में अनेक बार महसूस कर चुके हैं कि जो भी घटनाएँ हमारे जीवन में घटती हैं, आपको लगता है कि उन्हें आप पहले ही खयालों में या सपनों में देख चुके हैं या एहसास कर चुके हैं। कई बार आपके दिमाग में एक दृश्य कौंधता है चलचित्र की तरह कि ऐसा कुछ घटने वाला है। आप चेतन मन से उसे तर्कबुद्धि द्वारा टालते रहते हैं। जब वह घट जाती है, तब आप कहते हैं कि यह तो मुझे पहले से ही पता था या मैं देख चुका था। हमारी स्वाभाविक अंतर्दृष्टि इस घटना को दृश्य के रूप में पहले ही देख चुकी थी। आप जब भी किसी गलत या सही व्यक्ति के साथ बैठते हैं, आपको भीतर-ही-भीतर उनके बारे में जानकारी मिलने लग जाती है। आपके सामने कुछ घटनाएँ या मार्गदर्शन बार-बार कौंधता रहता है।

रेकी (स्पर्श चिकित्सा) में ऐसे कई बार अनुभव होते हैं कि जब आप किसी का उपचार कर रहे होते हैं और वह रोग जा नहीं रहा होता है, तब आपको उसके मूल कारण (शारीरिक, मानसिक, कार्मिक, पूर्वजन्म का वास्तुदोष या ऊपरी हवा या पाप कर्म या पारिवारिक तनाव इत्यादि) आपके सामने चलचित्र की तरह अंतर्दृष्टि में कौंधते रहते हैं। जब भी हम किसी को आशीर्वाद देते हैं, हमारी अंतर्दृष्टि में तुरंत उसके भविष्य की झलक दिखाई पड़ जाती है। ऐसा अनुभव हमारे बुजुर्ग, माताएँ, गुरु या मित्र अनुभव करते रहते हैं।

अकसर रेकी दूर उपचार के दरम्यान यह अनुभव में आता है कि जब आप किसी मरीज का दूर से उपचार कर रहे होते हैं, आपको उस मरीज की वर्तमान स्थिति, घर के हालात, उसके कपड़े, रंग, सामान, आस-पास के लोग—सब आपकी अंतर्दृष्टि में साफ दिखाई देते हैं।

पूर्वाभास

अकसर कई लोग ऐसी घटनाओं को देख रहे होते हैं, जो विश्व में कहीं पर भविष्य में घटने वाली हैं; जैसे—आग लग जाना, बिल्डिंग का गिर जाना, दुर्घटना हो जाना या तूफान आ जाना, किसी की हत्या हो जाना; जिसका हमसे कोई संबंध नहीं है, ऐसी घटनाओं का भी हमें पहले से ही पूर्वाभास हो जाता है। भौतिक शरीर से ऊपर उठते ही सारा विश्व एवं ब्रह्मांड सूक्ष्म ऊर्जाओं का जाल है, जगत् है। अरबों-खरबों विचारों की तरंगें, भूत-भविष्य की तरंगें सूक्ष्म जगत् में मौजूद हैं। हमारा अवचेतन मन अचानक इनमें से किसी भी ऊर्जा के साथ जुड़ जाता है और किसी अन्य के बारे में आपको जानकारी मिलने लग जाती है। चूँकि वे हमारे से संबंधित नहीं होते, इसलिए हम उस पर उतना गौर नहीं करते; लेकिन कुछ दिनों बाद अचानक वह घटना विश्व में कहीं घट जाती है। हम हैरान हो जाते हैं कि वह घटना का आप पहले से ही पूर्वाभास कर चुके हैं। ध्यान एवं प्रबल इच्छा द्वारा भी हम भौतिक शरीर से ऊपर उठकर सूक्ष्म जगत् में यात्रा कर सकते हैं और किसी के बारे में या भविष्य के बारे में सूचनाएँ प्राप्त कर सकते हैं—इन सब में हमें सहयोग करता है हमारा अवचेतन मन।

मनोमिति (Psychometry)

यह भी अंत:प्रेरणा एवं अंतर्दृष्टि का एक विभाग है। इसमें हम किसी भी वस्तु को हाथ में पकड़कर आँखें बंद करते हैं और निर्विचार अवस्था में शांत रहकर मानस-पटल पर आनेवाले दृश्य का इंतजार करते हैं तो हमें उस वस्तु से संबंधित

अनेक सूचनाएँ एवं दृश्य दिखने लगते हैं और उसके बारे में जानकारी मिलने लगती है। आप जिस वस्तु के भी संपर्क में आते हैं—चाहे वह जमीन हो, मकान हो, मकबरा हो, कपड़ा हो, सामान हो, जो चाहे हो—आपके आभामंडल के संपर्क में आते ही आपकी इच्छा-शक्ति के अनुसार आपका अवचेतन मन उसी वस्तु से संबंधित घटनाओं के साथ जुड़ने लग जाता है, आपको जानकारी मुहैया करवाता है। इन्हें विदेशों में 'साइकिक' कहा जाता है। इन साइकिक लोगों का विश्व की जानी-मानी पुलिस, गुप्तचर संस्थाएँ (CIA, FBI, KGB) जैसी भी अपराध की खोजबीन के लिए, दुश्मनों की जानकारी के लिए उपयोग कर अच्छा लाभ उठाती हैं।

टैरो कार्ड रीडिंग : अंत:प्रेरणा का एक और विज्ञान

टैरो कार्ड में 72 मार्गदर्शक होते हैं, जिसमें टैरो कार्ड रीडर आपसे कुछ पत्ते उठवाने को कहता है और उन पत्तों में आपके लिए कुछ मार्गदर्शन होते हैं। ये पत्ते अगर हम चेतन मन से जानबूझकर चुनकर उठाते हैं, तब वह गलत भविष्यवाणी होगी। जब आप ईश्वर से प्रार्थना कर चेतन मन को बंद कर देते हैं और अपने आपको पूरी तरह ईश्वर पर छोड़कर समर्पण भाव से मार्गदर्शन की कामना करते हैं, फिर आप आँखें बंद कर बिछे हुए कार्ड पर अपना हाथ घुमाते हैं, तब आपके हाथों में घुमाते-घुमाते अपने आप आपसे संबंधित कार्ड अपनी ओर चुंबक की तरह आकर्षित करने लग जाते हैं और आपका

हाथ अपने आप उसी कार्ड की ओर आकर्षित होकर खींच लेता है। जो मार्गदर्शन आपके लिए नहीं है, वहाँ हाथ जाकर भी झटके से दूर हो जाएगा। आप चेतन मन से सोचेंगे कि मैं कार्ड यहाँ से निकाल लूँ तो भी आपका हाथ अंत:प्रेरणा के खिंचाव के कारण वहीं जाएगा, जहाँ से आपको मार्गदर्शन मिलता है। इसलिए टैरो कार्ड रीडिंग ऐसे ही चलते-फिरते जानने का विज्ञान नहीं है। उसी के कारण 75 प्रतिशत टैरो कार्ड रीडर की भविष्यवाणी फालतू ही है। कुछ ही टैरो कार्ड रीडर सही होते हैं। टी.वी. पर दिखाए जानेवाले टैरो कार्ड रीडर कभी सही नहीं हो सकते; क्योंकि उनका चेतन मन बहुत सक्रिय रहता है। टैरो कार्ड रीडर को भी ध्यान एवं अल्फा अवस्था में जाकर पत्ता खींचना होता है, तभी अवचेतन मन भी सहयोग करता है। चंचल, लालची, अहंकारी टैरो कार्ड रीडर की भविष्यवाणी बेकार होती है। इसके मुकाबले अनपढ़, सीधे-सादे, ईमानदार, सद्‌भाववाले टैरो कार्ड रीडर ज्यादा सफलता के साथ काम कर सकते हैं।

ज्योतिष

गणित कम, अंत:प्रेरणा ज्यादा

ज्योतिष एक अत्यंत प्राचीनतम गूढ़ विज्ञान है। हम सब इस बात को अच्छी तरह जानते हैं कि 99 प्रतिशत ज्योतिषियों की भविष्यवाणी गलत होती है। इसका सिर्फ इतना ही कारण है कि अधिकतर सारे ज्योतिषी गणित विज्ञान के आधार पर भविष्यवाणी करते हैं, अंत:प्रेरणा के आधार पर नहीं। ज्योतिष, टैरो कार्ड रीडिंग, क्रिस्टल बॉल गेजिंग, डाउजिंग इत्यादि विज्ञान में पहले साधनाओं का उपयोग किया जाता था, जिसमें किसी

विशेष देवता, मंत्र या ध्यान का प्रयोग कर अपनी आंतरिक संवेदनाओं को विकसित किया जाता था, जिससे आपका शरीर ब्रह्मांड से अपनी इच्छानुसार विशेष तरंगों को अंत:प्रेरणा के रूप में अपनी ओर आकर्षित कर सके। जितनी भी दुनिया में हमारे ग्रंथों में चमत्कारिक सिद्धियाँ प्राप्त करने की विधियाँ हैं, उससे कोई चमत्कार न होकर आपकी आंतरिक शक्तियाँ, अवचेतन मन, संवेदनाएँ जैसी चीजों का विकास करना मात्र है। किसी भी मंत्र के द्वारा किसी भी देवता को सामने रखकर संकल्प-शक्ति के माध्यम से जब आप जाप करते हैं या ध्यान करते हैं तो आपका चेतन मन शांत होने लगता है। सारी साधनाएँ चेतन मन को शांत करने की विधियाँ हैं, और कुछ नहीं। आपकी दृढ कामनाएँ अवचेतन मन को प्रभावित करती हैं, जिसके कारण आप उन्हीं ऊर्जाओं को अपनी ओर आकर्षित करने लग जाते हैं। हर मंत्र-जाप, हर ध्यान स्नायु तंत्र को शिथिल कर उसकी संवेदनशीलता को विकसित करता है। अंत:प्रेरणा जबरदस्ती लादी नहीं जा सकती। आप जितना अधिक-से-अधिक शांत, शिथिल और संवेदनशील बनते चले जाते हैं (मंत्र-जाप एवं ध्यान द्वारा), उतनी ही अंत:प्रेरणा आपके भीतर ब्रह्मांड से उभरने लग जाती है और आपको मार्गदर्शन मिलता रहता है। इसलिए पुराने ज्योतिषी साधक होते थे, विद्वान् मात्र नहीं। आज का ज्योतिषी विद्वान् (वो भी शायद ही) अधिक होता है, साधक कम। इसके कारण उसकी भविष्यवाणी में कोई दम नहीं होता और लालची, अहंकारी, धोखेबाज व चंचल प्रकृतिवाले तो केवल आपके अपने ही भय और कमजोरियों का सहारा लेकर आपको अच्छा उल्लू बनाते हैं। सही ज्योतिष पूरे भारत में एवं विश्व में विरले ही हैं।

डाउजिंग

अवचेतन मन एवं अंत:प्रेरणा का विज्ञान

डाउजिंग किसी भी छुपी हुई बात को खोजने एवं चुनने की कला है।

इसमें पेंडुलम, एल-रोड, स्प्रिंग रॉड से लेकर अनेक यंत्र उपयोग कर इनके माध्यम से जवाब पाते हैं। इसमें जो भी यंत्र आप पकड़ते हैं, वह आप नहीं हिलाते हैं, बल्कि आपके हाथों में अपने आप अलग-अलग

तरह से गति करने लगते हैं। वे अलग-अलग गतियाँ या तो सकारात्मक या नकारात्मक जवाब देती हैं। हमारे हाथों में जब ये यंत्र अपने आप विभिन्न गति करते हैं तो देखनेवाले इस बात से हैरान हो जाते हैं कि ये अपने आप कैसे गति करने लग जाते हैं। आप जब भी किसी प्रश्न का जवाब पूछते हैं या किसी भी वस्तु को खोजने का सोचते हैं, तुरंत आपके हाथों के यंत्र गति करने लग जाते हैं। आप खोई हुई अँगूठी खोज रहे होते हैं या जमीन के नीचे पानी खोज रहे होते हैं या किसी वस्तु का चुनाव करने की सोचते हैं, आपके हाथों में डाउजिंग यंत्र अपने आप गति कर आपका मार्गदर्शन कर आपको सूचित करते हैं। यह कैसे संभव होता है ? क्यों ये यंत्र अपने आप आपके हाथों में गति करते हैं ? सच्चाई यह है कि ये यंत्र आपके शरीर के माध्यम से ही गति करते हैं। वैसे इन यंत्रों को किसी और वस्तु पर लटका लें तो बिल्कुल गति नहीं करेंगे, क्योंकि वास्तविक यंत्र तो आपका शरीर है। जिस प्रश्न का आप जवाब चाहते हैं या वस्तु की आप खोज करते हैं, उसकी तरंगें, उसका चित्र आप कल्पना में ला रहे होते हैं, जो तरंगें कल्पना के रूप में आप अपने दिमाग में तरंगित करते हैं। समान ऊर्जा समान ऊर्जा को आकर्षित करती है (like Energy always attracts like energy) के नियमानुसार उसी से संबंधित ऊर्जा आपका अवचेतन मन ब्रह्मांड से अपनी ओर आकर्षित करता है। वह आपके अवचेतन मन से सीधे आपके स्नायुतंत्र के माध्यम से प्रवाहित होने लग जाती है। फिर आपने जो यंत्र हाथ में पकड़ा हुआ होता है, वही यंत्र

उन आती हुई तरंगों को अलग-अलग गति के द्वारा आपको सूचित करता है कि कैसी तरंगें आपने पकड़ी हैं, जिससे हमें हमारे प्रश्नों का जवाब मिल जाता है कि वे सकारात्मक हैं या नकारात्मक अथवा खोजी जानेवाली वस्तु की ओर वह यंत्र इंगित करेगा कि वह कहाँ, किस ओर छुपी हुई है ? हमारा चेतन मन इस विद्या का दुश्मन है। इस विद्या में चेतन मन सिर्फ प्रश्न पैदा करने के लिए उपयोग किया जाता है। सही जवाब तो अवचेतन द्वारा ही प्राप्त होता है। मगर आपका चेतन अवचेतन मन द्वारा जवाब आने से पहले ही कोई विचार की तरंग अपने भीतर पैदा करने लग जाता है तो आपके हाथों का यंत्र उसी चेतन मन की तरंगों को पकड़ लेगा और गतिशील होने लग जाएगा। तब यह आपका अपना खुद का सोचा हुआ जवाब होगा (जो गलत होगा)। डाउजिंग विज्ञान का मूल आधार है कि चेतन मन सिर्फ प्रश्न करे और बंद हो जाए, चुप हो जाए और जवाब अवचेतन मन के माध्यम से ही आए। आंतरिक जगत् और ब्रह्मांड जगत् से अवचेतन मन के अलावा कोई संपर्क नहीं कर सकता। इसलिए यदि चेतन मन 1 प्रतिशत भी सक्रिय होगा तो अवचेतन मन पूरी तरह काम नहीं कर पाएगा। जहाँ चेतन मन भौतिक जगत् के साथ ज्यादा सक्रिय और सफल रहता है, वहीं अवचेतन मन सूक्ष्म जगत् के साथ ज्यादा सक्रिय एवं सफल रहता है। इसलिए डाउजिंग में आप चेतन मन द्वारा प्रश्न पूछकर एकदम शांत होकर अवचेतन मन को पूरा मौका देते हैं कि वह आपके प्रश्न से संबंधित ऊर्जाओं को ब्रह्मांड से आकर्षित कर आपके शरीर, स्नायुतंत्र एवं पकड़े हुए यंत्र के माध्यम से आपको जवाब दें।

हमारे अवचेतन मन की यह अद्‌भुत प्राकृतिक क्षमता है कि वह ब्रह्मांड के सूक्ष्म जगत् में आपके भाव (Intention) के अनुरूप कहीं भी टेलीपैथी द्वारा एक क्षण में संपर्क कर सकता है और उसकी तरंगें अपनी ओर आकर्षित कर सकता है, जिसके कारण प्रश्न करते ही कुछ ही क्षणों में हमारा शरीर आपके प्रश्न से संबंधित तरंगों को पकड़ने लग जाता है और हमें उस वस्तु या व्यक्ति के बारे में यंत्र के माध्यम से ही जानकारी मिल रही होती है। जैसे ही आप सोचते हैं—मेरा भाई चंदूलाल; आपके अंदर चंदूलाल की तरंगें तरंगित होने लग जाती हैं। अगर आप भाव (इच्छा) करते हो कि उसकी जानकारी

चाहिए, तुरंत एक क्षण में आपकी अवचेतन मन से तरंगें चंदूलाल से संपर्क कर उसकी तरंगें आपके शरीर में लाना शुरू कर देंगी। इस तरह तरंगों का आदान-प्रदान आपके भीतर घटने लग जाएगा। दूसरे ही क्षण आपने सोचा कि पानी की जानकारी चाहिए तो एक क्षण में ही आपका शरीर चंदूलाल को छोड़कर पानी की तरंगों के साथ जुड़ जाएगा और उसकी तरंगें ग्रहण करने लग जाएगा। इस तरह जैसे-जैसे आपके भाव बदलते चले जाएँगे, वैसे-वैसे तरंगें भी बदलती चली जाएँगी; क्योंकि सूक्ष्म जगत् के क्षेत्र में समय और सीमाएँ (Time & Space) समाप्त हो जाते हैं। इसी कारण हम एक क्षण में ही किसी के साथ भी संपर्क कर सकते हैं, किसी के बारे में भी जानकारी प्राप्त कर सकते हैं। ऐसी है हमारी अवचेतन मन की अद्‍भुत शक्ति!

□

21

टेलीपैथी : विचारों का दूर संप्रेषण

टेलीपैथी यानी अपने मानसिक विचारों या उपचारात्मक तरंगों, भावनाओं को जगत् में कहीं पर भी किसी और के मन में भेजना और उसको प्रभावित करना। यह सब अवचेतन मन की एक अनोखी शक्ति है कि हम बैठे-बैठे अपने मन से कहीं भी संपर्क कर सकते हैं। किसी भी व्यक्ति, वस्तु, परिस्थिति, ब्रह्मांड, पेड़-पौधे, जानवर इत्यादि ब्रह्मांड की हर वस्तु के साथ चाहे—वह ग्रह, सितारे ही क्यों न हों—हम संपर्क कर सकते हैं। टेलीपैथी हमारी स्वाभाविक क्षमता है। यह मानव ही नहीं, जानवरों में, कुत्तों में, पक्षियों में भी होती है और ये सब संभव होता है सिर्फ और सिर्फ अवचेतन मन के कारण; क्योंकि सूक्ष्म जगत् का संपर्क सूत्र या एजेंट कोई है तो वह है अवचेतन मन।

टेलीपैथी द्वारा हम हजारों मील दूर बैठे

किसी भी व्यक्ति को केवल इच्छा-शक्ति (Intention) के द्वारा संपर्क की कामना कर संबंध स्थापित कर सकते हैं और जो विशेष विचार या भाव आप उसके मन में प्रोजेक्ट करना चाहते हैं, वह कल्पनाओं में साफ-साफ देखते हुए अपने अवचेतन मन को प्रभावित कर दूर बैठे व्यक्ति के अवचेतन मन में भेज सकते हैं। जब भी हम टेलीपैथी करते हैं, तब हमारे अवचेतन मन का दूर बैठे व्यक्ति के अवचेतन मन के साथ संपर्क स्थापित होता है। फिर जो आप कल्पना उसके अवचेतन मन में फेंकते हो, चाहे वह पॉजीटिव हो या नेगेटिव, उसके अवचेतन मन में धीरे-धीरे तरंगित होने लग जाती है। नियमित भोजन से तरंगें प्रबल होने लगती हैं और जैसे-जैसे ये तरंगें उसके अवचेतन मन में प्रबल होने लगती हैं, वैसे-वैसे धीरे-धीरे वह प्रबल विचार उसके चेतन मन व तर्क बुद्धि पर हावी होने लग जाएगा और धीरे-धीरे वह व्यक्ति वैसे ही सोचने या व्यवहार करने लग जाएगा। जितना सख्त चेतन मन होगा, उतना ही उसको प्रभावित करना मुश्किल होगा और समय भी अधिक लगेगा। कमजोर मन जल्दी प्रभावित होता है। इस तरह टेलीपैथी द्वारा हम अपने दैनिक जीवन में, अपने संबंधों में, परिस्थितियों में, अपने जीवन में मनचाहा सकारात्मक परिवर्तन ला सकते हैं। दिल से की गई प्रार्थनाएँ, दुआएँ, सद्भाव टेलीपैथी के कारण ही काम करते नजर आते हैं। तांत्रिक नकारात्मक शक्तियाँ भी टेलीपैथी के नियमों के अंतर्गत ही दूर बैठे किसी भी व्यक्ति के मन में परिवर्तन लाती हैं, उसको वशीभूत करती हैं, उसके दिमाग का संचालन करती हैं। अगर टेलीपैथी नहीं होती तो संसार में कोई तांत्रिक शक्ति कभी काम नहीं करती, न ही प्रार्थनाएँ-दुआएँ काम करतीं। अचेतन मन की इसी अद्भुत शक्ति के कारण आज ये सभी चीजें फलीभूत होती हैं।

रेकी, प्राणिक हीलिंग, डाउजिंग, स्फटिक विज्ञान या अन्य प्राण ऊर्जा के उपयोग की विश्व भर में जितनी भी उपचार तकनीकें हैं, उनमें से टेलीपैथी की स्वाभाविक क्षमता के कारण उपाचारात्मक (हीलिंग) प्राण ऊर्जा को विश्व में किसी भी व्यक्ति को भेजकर हम दूर बैठे-बैठे उन्हें छोटी-बड़ी सभी प्रकार की शारीरिक, मानसिक, साइकिक (ऊपरी हवा संबंधी), भावात्मक एवं कार्मिक बीमारियों को ठीक कर सकते हैं। आमने-सामने बैठकर रेकी

उपचार में और दूर बैठे व्यक्ति को रेकी उपचार करने में रत्ती भर भी कोई अंतर नहीं होता। इसके उलटे दूर उपचार में, जहाँ कुछ ही सेकंड में उपचार निबट जाता है, वहीं आमने-सामने के रेकी उपचार में लंबा समय लगता है; क्योंकि दूर उपचार में उपचारात्मक ऊर्जा तेजी से प्रवाहित कर सूक्ष्म स्तर पर शीघ्र काम करना शुरू कर देती हैं। यह सत्य विश्व भर में लाखों रेकी उपचारकों द्वारा सफलतापूर्वक उपयोग कर सिद्ध किया जा चुका है।

टेलीपैथी द्वारा ब्रह्मांड में कहीं भी संपर्क करें

टेलीपैथी द्वारा हम अपने पूर्व कर्मों के दोष का उपचार कर समाप्त कर सकते हैं। भविष्य में भेजकर अपने मनचाहा भविष्य का निर्माण भी कर सकते हैं। टेलीपैथी द्वारा हम मृत आत्माओं कक्षों का भी उपचार भेज सकते हैं, हम धरती का उपचार भी कर सकते हैं। एक व्यक्ति जहाँ किसी और व्यक्ति को दूर उपचार द्वारा स्वस्थ कर सकता है और परिस्थितियों को सकारात्मक कर सकता है, वहीं हजारों-लाखों लोग मिलकर संपूर्ण विश्व में एवं ब्रह्मांड में उपचारात्मक ऊर्जा भेजकर एक सकारात्मक रूपांतरण एवं परिवर्तन ला सकते हैं। ऐसी विशाल ऊर्जा का प्रभाव आना निश्चित होता है, क्योंकि हजारों-लाखों लोग एक सशक्त भावना की तरंगों को रचें और तरंगों की यह शक्ति ऐसे ही ब्रह्मांड में कहीं गायब हो जाए! यह असंभव है उसका सकारात्मक प्रभाव दिखना ही है, दिखता ही है।

अमेरिकी सेना में यह रिसर्च पूरे जोर-शोर

से सफलता की ओर बढ़ती जा रही है कि सेना अब बगैर टेली–कम्युनिकेशन यंत्रों के केवल टेलीपैथी द्वारा कैसे कोड का दोबारा डी–कोड किया जा सके।

तात्पर्य यह है कि टेलीपैथी द्वारा हम समय और सीमाओं से पूरे भूतकाल में कहीं भी, किसी भी युग में या भविष्य के किसी भी युग में संपर्क स्थापित कर सकते हैं। टेलीपैथी ठीक हमारे मन में उठे या देखे गए भावों के अनुसार ब्रह्मांड में किसी भी व्यक्ति, वस्तु, परिस्थिति या घटना से चंद सेकंडों में संपर्क स्थापित कर सकती है।

टेलीपैथी द्वारा आप दूर बैठे जल चार्ज कर सकते हैं, जानवरों का उपचार कर सकते हैं, पेड़–पौधों का उपचार भेजकर उन्हें सामान्य पौधों से ज्यादा स्वस्थ, हरा–भरा और बड़ा बना सकते हैं। टेलीपैथी द्वारा आप एक ही जगह बैठकर, सूक्ष्म जगत् में प्रवेश कर हजारों तरह के कार्य कर सकते हैं।

□

22

सम्मोहन का विज्ञान अवचेतन मन का खेल

हिप्नोटिज्म या सम्मोहन विज्ञान पूरा-का-पूरा अवचेतन मन के ऊपर खड़ा हुआ विज्ञान है। इस विज्ञान में चेतन मन को कई तरीकों से शांत कर अवचेतन मन को सुझाव देकर आपके शारीरिक, मानसिक या भावात्मक समस्याओं में एक निश्चित सकारात्मक परिवर्तन लेकर आते हैं। हमारी आदतें, डर, गलतफहमियाँ, मानसिक उलझनें या जटिलताएँ, हमारी गलत धारणाएँ, मान्यताएँ—सभी अवचेतन मन में ही घर बैठी हुई होती हैं। हम चेतन मन द्वारा जितनी चाहे कोशिश कर लें, ये निकलतीं नहीं। हमारे चेतन मन के पास सिर्फ दृढ इच्छा-शक्ति (Will power) का ब्रेक

है, जिसे लगाकर हम नियंत्रित करते हैं; परंतु नियंत्रण कभी भी छूट जाने या ढीला पड़ जाने की संभावना रहती है। भीतरी अवचेतन मन में सब जैसे-के-तैसे चुपचाप बैठे रहते हैं। बस, चेतन मन की दृढता के कारण ऊपर उभरकर सक्रिय नहीं होते। इसमें एक निरंतर लड़ाई जारी रहती है, तनाव मौजूद रहता है; लेकिन सम्मोहन द्वारा अवचेतन मन को गहरे ध्यान में सुझाव देकर बड़ी आसानी से आपकी दृढ इच्छा-शक्ति के बगैर आपकी आदतों, मान्यताओं या डर को निकाला जा सकता है। सम्मोहन विज्ञान को आज पूरे विश्व में मेडिकल साइंस में एक मान्यता प्राप्त उपचार-पद्धति के रूप में इस्तेमाल किया जा रहा है। मेरा अपना यह मानना है कि सम्मोहन विज्ञान की जानकारी के बिना हर चिकित्सक चाहे जिस पद्धति का हो, अधूरा है। हमारा 90 प्रतिशत जीवन अवचेतन मन से संचालित है। अब इसे आप स्वयं आत्म-सम्मोहन से बदलें या किसी सम्मोहन विज्ञान के विशेषज्ञ से बदलें।

सम्मोहन विज्ञान में चेतन मन को शांत कर कल्पना-शक्ति के प्रयोगों द्वारा हम अवचेतन मन को जैसे चाहे, नचा सकते हैं। अवचेतन मन आपके सुझावों को चुपचाप एवं निर्विरोध स्वीकार करता चला जाता है। आप कहें कि आपका हाथ सुन्न हो गया है, कोई संवेदना नहीं है तो आपका हाथ सचमुच में सुन्न हो जाएगा। अब चाहें तो उसे काट लें, सर्जरी कर लें, सुई चुभो लें, आपको पता भी नहीं चल पाएगा। आप कहें कि आपका हाथ चिपक गया है, तो ऐसा

चिपक जाएगा कि आप उखाड़ नहीं पाएँगे। आप कहें कि आपको भयंकर खुजली हो रही है तो सचमुच आप जोर-जोर से खुजलाने लग जाओगे। आप कहें कि आप छोटे बच्चे हैं, आपको भूख लगी है। आपको दूध की बोतल चाहिए, इसलिए आप जोर-जोर से रोकर माँ को बुला रहे हैं तो आप वास्तव में रोने लग जाएँगे और दूध की बोतल देने पर ही शांत होंगे। इस तरह कोई भी मनचाही हरकत सम्मोहन चिकित्सक आपसे करवा सकता है। आप अच्छी तरह समझ सकते हैं कि अवचेतन मन के पास न तो तर्क है, न बुद्धि है, न विवेक है, न कोई विरोध है। उसको कल्पना-शक्ति द्वारा जो भी सुझाव दिया जाएगा, वह चुपचाप सच मानकर वैसा ही व्यवहार, वैसा ही मानसिक या शारीरिक परिवर्तन अपने भीतर ले आएगा। ऐसा अद्‌भुत है हमारा अवचेतन मन।

□

23

अवचेतन मन द्वारा हम जा सकते हैं पूर्वजन्म और भविष्य में

जैसे कि पहले ही यह बताया जा चुका है कि हमारा अवचेतन मन ब्रह्मांड ऊर्जाओं के साथ जुड़ा हुआ है। समय, सीमा और स्थान से परे ब्रह्मांड के किसी भी युग या समय में पहुँच सकता है। हजारों जन्म भूतकाल में, हजारों जन्म भविष्यकाल में देख सकता है; क्योंकि समय का आभास शरीर एवं चेतन मन के लिए है, अचेतन मन के लिए नहीं। इसलिए जब भी कोई ध्यानी या साधक ध्यान की गहराइयों में प्रवेश करता है, तब वह समयातीत, कालातीत, भावातीत जैसी अवस्थाओं में प्रवेश कर जाता है, जहाँ समय स्थिर हो

जाता है। समय एक आभास है, भ्रम है; क्योंकि सभी चीजें (हम, ग्रह, पेड़-पौधे) गतिशील हैं, इसलिए समय महसूस होता है; लेकिन ध्यान की गहराइयों में समय स्थिर हो जाता है। लंबे समय की समाधि भी कुछ क्षणों पहले की समाधि महसूस होती है।

हम सम्मोहन विधि का सहारा लेकर, चेतन मन को पूरी तरह शांत करके, अल्फा लेवल और थीटा लेवल की अर्धनिद्रा की स्थिति में ले जाकर किसी को भी बचपन की यादों, पूर्वजन्म एवं भविष्य में बड़ी आसानी से ले जा सकते हैं, जहाँ वह पूर्वजन्म की एवं भविष्य की एक-एक घटनाओं को चलचित्र की तरह, सपने की तरह साफ-साफ देखकर आ सकता है। अपने वर्तमान जीवन में जो भी सुख-दुःख, गरीबी-अमीरी या मधुर-कटु संबंधों को जी रहा होता है, उसका कारण पूर्वजन्म में देखकर इस जन्म में अपने विचार-व्यवहार में बदलाव ला सकता है। पूर्वजन्म एवं भविष्य में जाकर आपको किसी उपनिषद्, गीता या शास्त्रों को पढ़ने की जरूरत नहीं पड़ती; क्योंकि वह तो बुद्धि के स्तर पर पढ़ा जाता है और वह केवल बुद्धि के स्तर तक ही सीमित रहता है, जिसका कोई मूल्य नहीं है, क्योंकि आप किसी दूसरे के अनुभव का बखान सुन रहे होते हैं। आपका अपना अनुभव न होने के कारण यह बखान आपके दिमाग के ऊपरी-ऊपरी स्तर तक रहते हैं, हृदय की गहराइयों तक नहीं जाते; परंतु जब हम पूर्वजन्म में जाकर प्रत्यक्ष सत्य को अनुभव करके आते हैं, आपकी आँखें खुल जाती हैं। एक प्रकार से आत्मज्ञान हो जाता है। यह ऐसा आत्मज्ञान है, जो कोई महात्मा, कोई ग्रंथ नहीं दे सकता। इसलिए पूर्वजन्म एवं भविष्य में यात्रा करना जीवन के, ईश्वर के नियमों को, सत्य को अनुभव करना है, आपके संपूर्ण जीवन को एक सकारात्मक रूपांतरण देना है।

हमारे अवचेतन मन में छुपी रहती है सारे जन्मों की एक-एक गाथा, एक-एक कहानी। आपके एक-एक मन-भावनाओं द्वारा दिए गए संस्कार, ऐसी-ऐसी यादें कि सतह पर आने के बाद आप स्वयं आश्चर्यचकित हो जाएँगे।

नार्को टेस्ट

अपराध पकड़ने का एक अनूठा हथियार

नार्को टेस्ट में किसी भी अपराधी को नशीले पदार्थ का इंजेक्शन देकर चेतन मन को सुप्त कर दिया जाता है। इसके बाद उसके अंदर अवचेतन मन में छुपी हुई सारी सच्चाई, सारी गुप्त जानकारियाँ हासिल कर ली जाती हैं। जो-जो प्रश्न उससे पूछे जाते हैं, अपराधी उन सबके सही-सही जवाब (बिना किसी तर्क बुद्धि या चेतन मन के उपयोग के) उगलता चला जाता है, जो पुलिस व अदालत के लिए बहुत बड़े सुराग होते हैं। नार्को टेस्ट पूरा-का-पूरा अवचेतन मन के खेल पर ही टिका हुआ है।

शराबी शराब के नशे में सच बोलता है

यही हाल शराबी का भी है। जब भी कोई व्यक्ति शराब पीता है, शराब का नशा उसके चेतन मन को धीरे-धीरे शिथिल कर देता है और वह व्यक्ति बुद्धि से परे अवचेतन मन में दबी भीतरी बातों को सतह पर ले आता है। इसे ऐसे समझें

कि अवचेतन मन सक्रिय हो जाता है। फिर वह वही बातें बोलता है या बयान कर रहा होता है, जो सिर्फ उसके भीतर होता है। वही वास्तव में उसका असली व्यक्तित्व होता है। चाहे वह प्यार की बात करे, मार-पीट या गाली-गलौज करे, ऊँची-ऊँची आध्यात्मिक बातें करे, अपने दुःख-दर्द बयान करे या भरपूर निंदा या शिकायत करे। अपना जो ऊपरी व्यक्तित्व हम लोगों को दिखाते हैं या हम दूसरों के जो व्यक्तित्व देखते हैं, वे मुखौटे हैं, असली चेहरे नहीं हैं। इसलिए असली चेहरा नजदीकी जीने वाला मित्र या संबंधी ही अनुभव करता है।

मुझे लोग जब कहते हैं कि शर्माजी, आप बहुत बढ़िया व्यक्ति हैं, महान् हैं। तो मैं उनसे कहता हूँ कि जाओ, मेरी पत्नी से पूछ आओ, मेरे बच्चों से, नौकरों से पूछ आओ। अगर वे सब कहें कि हाँ, शर्माजी सचमुच महान् हैं, तो विश्वास करना, अन्यथा नहीं; क्योंकि तुम थोड़ी देर की मुलाकात में मेरे ऊपरी आवरण (श्रेष्ठतम सुंदरतम बनाए हुए मुखौटे) को ही देख पाते हो, अंदरूनी वास्तविक सच्चाई को नहीं। इसलिए हर आदमी इस संसार में दो व्यक्तित्व के साथ जीता है—एक, लोगों को दिखाने के लिए और दूसरा, वास्तव में हम जो हैं। हमारा अंदरूनी वास्तविक चेहरा तो तब उभरकर सामने आता है, जब हमारे सामने धन-संपत्ति, जायदाद, स्वार्थ, प्रेम-प्रसंग, त्याग, कुरबानी के बीच में फँसने जैसी समस्याएँ आने लगती हैं या आप पर कोई आँच आने लगती है या आपका स्वास्थ्य बिगड़ने लगता है, तब आपका अंदरूनी असली व्यक्तित्व उभरकर सतह पर आ जाता है, जिसे देखकर दूसरों को क्या, आपको भी यकीन नहीं हो पाता है कि आपके भीतर भी राक्षस या देवता छुपा हुआ है।

चेतन और अवचेतन मन की इस दीवार को तोड़ता है ध्यान, साक्षी भाव या आत्म-जागरण। ऐसे जागे हुए, आँखें खोले हुए व्यक्ति के पास सिर्फ एक ही व्यक्तित्व होता है—उसके अंदर और बाहर दो व्यक्तित्व नहीं होते। उनका कोई भूत या भविष्य भी नहीं होता। होता है तो सिर्फ वर्तमान सामान्य व्यक्तित्व। जागरूक व्यक्ति वर्तमान में जी रहा होता है। वह भूतकाल या भविष्य में अपनी इच्छानुसार, आवश्यकतानुसार यात्रा करता है। इसमें चेतन और अवचेतन उसको नियंत्रित नहीं करते, बल्कि वह इन दोनों को अपनी मरजी के अनुसार नियंत्रित करता है। उत्तेजित अवस्थाओं, जैसे—खुशी, दुःख, गुस्सा या भय इत्यादि उत्तेजनाओं में हमारा चेतन मन लुप्त हो जाता है और अवचेतन मन सामने आ जाता है। मैंने इसे कविता में कुछ ऐसे कहा है।

गुस्से का कमाल

मत देना जीवन से गुस्सा कभी निकाल,
गुस्से से हुए हैं दुनिया में बड़े-बड़े कमाल।
आदमी अकसर गुस्से में सच बोलता है,
दिल में दबी हुई असली बातें खोलता है।
जीवन भर के सारे हिसाब तौलता है,
गुस्से में सबका असली चेहरा बोलता है।
हर कोई खेल रहा है सबके संग नाटक यहाँ,
गुस्सा ही असली रिश्तों का परदा खोलता है।
गुस्से से पहचान लो ढोंगी और संत को,
गुस्से में 'नंद' वो नहीं—अहं खौलता है।

□

24

क्यों सफल नहीं होतीं हमारी साधनाएँ, तीर्थयात्राएँ, दान, यज्ञ व पूजाएँ

मानव सदियों से अपनी मनोकामनाएँ एवं कष्ट-निवारण के लिए परमात्मा को प्रसन्न करने की कई तरकीबें उपयोग करता रहा है; जैसे—उपवास करना, यज्ञ करना, नंगे पाँव चलना, मौन धारण करना, तीर्थयात्राएँ करना, मीलों तक पैदल चलना या चढ़ना इत्यादि। इन सबके पीछे एक ही मूल कारण है—ईश्वर को प्रसन्न करना, ऊपर-ऊपर से दिखने में यह बात बहुत अच्छी लगती है कि हम ईश्वर के नाम पर कितना कुछ किए जा रहे हैं; परंतु सच्चाई इसके पीछे से है कि हमारे मन में मूल आंतरिक जो विचार है, वह विचार है भय का, कमियों का, लालच का, चापलूसी का, व्यावसायिक लेन-देन का, कुछ पाने के अहंकार का और अवचेतन मन आपके इसी आंतरिक गहरे छुपे हुए भाव को पकड़ता है। बाहर से आपके काम कितने ही सात्त्विक भले हों, परंतु अंदर के जो मूल भाव हैं, वे नकारात्मक हैं और अवचेतन मन सिर्फ उसी को पकड़कर ब्रह्मांड में तरंगों को फेंक देता है, जिससे आपको उसका सकारात्मक व सात्त्विक परिणाम मिलने के बजाय नकारात्मक परिणाम मिलता है।

अधिकतर लोग भीतर से न तो इतना लंबा चलना चाहते हैं, न उपवास करना चाहते हैं, न सेक्स व भोजन से बचना चाहते हैं, न लंबे-चौड़े दान देना चाहते हैं। उनके भीतरी मन में कहीं एक मजबूरी का भाव है, जो बार-

बार यह मंत्र दोहराता है कि 'मैं ऐसा कष्ट देखना तो नहीं चाहता, परंतु क्या करूँ, मजबूर हूँ। मनोकामना पूरी करनी है या कष्ट से छुटकारा पाना है तो करना ही पड़ेगा।' तो मूल आंतरिक भाव तो नहीं करने का है, मजबूरी का है। बचना चाहते हो, जबरदस्ती का सौदा है तो अवचेतन मन तो आपके इन भावों को गहराई से लेता है। अकसर कई लोग तो अपने आपको भगवान् का सच्चा भक्त या आध्यात्मिक व्यक्तित्व का अहंकार सजाने के लिए भी ऐसे कार्य बार-बार दोहराते हैं; परंतु अवचेतन मन तो अहंकार के भाव को प्रबलता से पकड़ता है और उसकी तरंगें निर्मित करता है। इसलिए ऐसे लोग कितना भी आध्यात्मिक कार्य करते रहें, तो भी उनके जीवन में सुख, स्वास्थ्य, आनंद या शांति नहीं होती; क्योंकि मूल भाव अहंकार का है, लालच का है, भय का है, चापलूसी का है। तो यही भाव आदमी अपने जीवन के हर क्षेत्र में, संबंधों में, व्यवसाय में, व्यवहार में अपनाएगा तो उनका जो नकारात्मक परिणाम आपके जीवन में आना चाहिए, नियमानुसार वही आएगा।

इस सत्य को या नियम को हम पहले ही स्पष्ट कर चुके हैं कि ईश्वर कानून बनाकर सो गया। वह कुछ भी नहीं करता। सिर्फ नियम काम करते हैं। इन्हीं नियमों के अंतर्गत हमें फल मिलते रहते हैं। तीर्थयात्राएँ, जागरण, हवन, उपवास करने के बावजूद आपको लगता है कि आपके जीवन में कोई विशेष सकारात्मक परिवर्तन नहीं आया तो यह निश्चित मानना कि आपका फल ठीक मूल, आंतरिक बीज के अनुसार आया है।

दान का भी यही नियम है कि अगर आप बड़े-बड़े दान सिर्फ इसलिए करते हैं कि यह ईश्वर के साथ एक इन्वेस्टमेंट है। हम एक लाख ईश्वर

को देते हैं, तब वह हमें दस लाख देता है—तो आपका यह भाव लालच का है। लालच का परिणाम मिलेगा। अगर आप यह सोचकर दान करते हैं कि स्वर्ग मिलेगा, मोक्ष मिलेगा, यहाँ से ज्यादा मौज-मस्ती मिलेगी तो भी आपका भाव लालच का है।

यह सोचकर दान देगा कि पैसे फालतू पड़े हैं, काला धन है। इन्कम टैक्स के झंझटों में कौन फँसे। इससे तो भगवान् को चढ़ा दो तो पुण्य ही मिलेगा। भगवान् खुश हो जाएगा। कम-से-कम स्वर्ग में तो भेज ही देगा। अब इस दान में आपका भाव एक बोझ से छुटकारा पाना है, झंझट से बचना है, भविष्य में लालच का है, बला को टालना है, चापलूसी का भी है। तो आपके मूल आंतरिक भाव के अनुसार आपको नकारात्मक फल ही मिलेगा, पुण्य नहीं। पुण्य मिलता है—प्रेम व करुणा से; सहयोग, मैत्री, सर्व-कल्याण, जन-कल्याण जैसे सच्चे सात्त्विक भावों से, पर ऐसे दान बहुत कम देखने में आते हैं। दान में इस बात का जरा भी महत्त्व नहीं है। दान कितना महँगा है; बल्कि दान में यह महत्त्वपूर्ण है कि दान कितना सद्भाव, करुणा, प्रेम, परोपकार से दिया गया; ऐसे सद्भाव से दिए गए 10 रुपए भी उतना ही पुण्य देंगे, जितना 10 करोड़ का दान; क्योंकि दोनों अवस्थाओं में आंतरिक भाव सात्त्विक थे और उतने ही गहरे थे। फल 10 रुपए या 10 करोड़ के अनुसार नहीं मिलेगा, बल्कि फल भीतर के मूल आंतरिक भावों के अनुसार मिलेगा। हमारा अवचेतन मन ऐसे ही काम करता है। वह हमेशा मूलभूत सच्चाई का साथ देता है। यह तो हमारा अहंकारी दिमाग हिसाब करता है कि 10 करोड़ दिए हैं तो ऊपर भगवान् आगे की सीट (वी.आई.पी.) तो दे ही देगा, थोड़ा खास खयाल तो करेगा ही। अवचेतन मन और ईश्वर के दरबार में आंतरिक भाव काम करते हैं, बाहर से, ऊपर-ऊपर से किए गए काम या व्यवहार नहीं।

अगर आप दान अहंकारवश देते हैं कि चार लोगों में समाज में मेरी प्रतिष्ठा बढ़ेगी। लोग मुझे महादानी, महात्यागी, महाधार्मिक समझेंगे, वाहवाही होगी, सम्मान मिलेगा, विशेष पद मिलेगा; तो आपका मूलभाव अहंकार एवं लालच है। तब आपको दुनिया की कोई शक्ति, कोई नियम पुण्य नहीं दे सकता। आपके भाव के अनुसार आपको क्षणिक आनंद या तृप्ति तो मिल

सकती है, लेकिन भविष्य में इसका परिणाम दुःखद ही होगा, क्योंकि बीज गलत हैं।

अब यदि आप दान इस भाव से दे रहे हैं कि जा, ले जा! तू तो निकृष्ट है। मैं उत्कृष्ट हूँ। तो इस दान में भी अहंकार का ही पुट है। नकारात्मक फल ही मिलेगा। इसलिए भारत में इस भाव से बचने के लिए 'दक्षिणा' शब्द का उपयोग किया गया कि आप कृतज्ञ हो रहे हैं कि सामनेवाला आपका दान सहर्ष स्वीकार कर रहा है।

अगर आप दान देकर हिसाब-किताब रखते हैं, सामनेवाले से सम्मान, भविष्य में सहयोग या कोई अपेक्षा रखते हैं तो याद रखें, आपका भाव दानमयी नहीं बल्कि एक भिखारीपन है। एक माँग है, एक लालच है, एक आकांक्षा है, तब फल भी आपको इन भीतरी भावों के अनुसार ही मिलेगा। इसका अंतिम परिणाम दुःख के रूप में मिलता है, जो आपकी अपेक्षा की स्केल पर खरा नहीं उतरता।

उपवास का दुरुपयोग

उपवास का वास्तविक अर्थ है—'उप' यानी अपने नजदीक, करीब या पास। 'वास' का अर्थ है—निवास करना, रहना। जीवन के सारे बाहरी कार्य आपको अपने से दूर ले जाते हैं, अंतर्मुखी नहीं रहने देते। इसमें भोजन भी एक ऐसी क्रिया है, जिसका स्वाद, आकर्षण हमें हमेशा बाहर उलझाए रखता है।

भारत में उपवास इसलिए बनाया गया कि व्यक्ति इन बाहरी आकर्षणों से कुछ देर या कुछ दिन मुक्त रहकर अपने नजदीक बैठ सके। ऐसा उपवास कुछेक विरले लोग ही करते हैं, बाकी सब तो उपवास का

अच्छा-खासा मजाक उड़ाते हैं। अधिकतर लोग कल उपवास करना है, इसलिए रात को ही जमकर खाने की कोशिश करते हैं। भीतर खाने की वासना प्रबल रूप से उमड़ रही है, परंतु आप मनोकामना या कष्ट-निवारण या ईश्वर को खुश करने के नाम पर जबरदस्ती भूखे रह जाते हैं। मन में खाने की इच्छा 24 घंटे चल रही होती है। भोजन नहीं मिलेगा, जानकर मन और ज्यादा बेचैन हो उठता है और उस दिन आपको बार-बार सारे स्वाद याद आ रहे होते हैं। अनेक स्वाद की कल्पना करके अवचेतन मन को उत्तेजित रखते हैं और सभी पाचक स्राव जारी रहते हैं। ध्यान अपने ऊपर आने के बजाय पूरा दिन भोजन पर चला जाता है। आप 50 बार लोगों को यह कह चुके होते हैं कि आज आप उपवास पर हैं, खाना नहीं खा रहे हैं। अंदर से आप खुश नहीं, बल्कि मजबूर होते हैं। अवचेतन मन आपके इसी आंतरिक भाव के अनुसार फल देता है। ऐसा उपवास ज्यादा हानिकारक साबित होता है। सामान्य दिनों में खाना खाकर कम-से-कम 7-8 घंटे भोजन भूल तो जाते हैं। इसमें 24 घंटे भोजन ही दिखता रहता है, यहाँ तक कि सपनों में भी पकवान ही दिखते हैं।

उपवास में इसलिए फलाहार पर जोर दिया जाता है, क्योंकि यह मध्यम मार्ग है तामसिक, उत्तेजक, मसालेदार, अत्यधिक घी-तेल युक्त गरिष्ठ भोजन से मुक्त होकर सरल, सात्त्विक, अनुत्तेजक भोजन द्वारा थोड़ी संतुष्टि पाने का। परंतु इसके विपरीत भारतीय उपवास बड़े खतरनाक हैं। सामान्य, सादे, रोटी-दाल जैसे साधारण भोजन नहीं, वरन् गरिष्ठ भोजन को हल्का मानकर विशेषकर उपवास के दिन ही खाया जाता है। इनमें आलू के चिप्स, हलवा, कुट्टू के आटे की पूड़ियाँ, साबूदाने के पकौड़े, पनीर की गरिष्ठ सब्जी, लस्सी, दूध-मेवे की मिठाइयाँ, रबड़ी ऐसे अनेक व्यंजनों का उपवास के नाम पर भरपूर उपभोग होता है। ऐसे उपवास में न तो त्याग की भावना है, न स्वाद के चंगुल से कुछ देर मुक्त रहने की दृढता है, न ईश्वर के प्रति कोई कृतज्ञता है और न ही मन पर कोई नियंत्रण है। यहाँ तक कि उपवास के प्रति कोई आदरभाव भी नहीं है। बस, एक ही गाना अंदर गूँज रहा होता है कि 'बाबुल मोरा भोजन छूटो जाय'। खाना! खाना! खाना!!! अब, अवचेतन मन किसका परिणाम देगा? जैसा भाव भीतर होगा, वैसा ही परिणाम भी

देगा। ऐसे उपवास से ईश्वर तो क्या, आपका शरीर तक प्रसन्न (स्वस्थ) नहीं होता, तो कोई पुण्य कैसे मिल सकता है ? इससे तो ज्यादा उपवास का पुण्य वे लोग कमा जाते हैं, जो अपने रोजमर्रा के जीवन में स्वाद के वशीभूत न होकर नियंत्रित रहकर भोजन करते हैं। ऐसे लोगों के अंतर्मन में त्याग है, परमात्मा रूपी शरीर के प्रति कृतज्ञता है, वासना नहीं है। ऐसे लोग सामान्य उपवासियों से ज्यादा पुण्य कमाते हैं।

भूख से कम खानेवाले मिताहारी (कम आहार लेनेवाले) को कभी उपवास की जरूरत नहीं होती। बार-बार उपवास वे ही लोग करते हैं, जो भोजन की एक अनियंत्रित वासनात्मक अति में कुछ दिन जीकर फिर पेंडुलम की तरह दूसरी अति में जाने की कोशिश करते हैं। ऐसे लोग जीवन भर उपवास करके भी अपने नजदीक कभी नहीं आ पाते हैं और न ही कोई पुण्य कमाते हैं। अवचेतन मन तो अंतर्मन के भाव के अनुसार, भीतर के विचार मात्र से, शरीर को भोजन का लाभ दे रहा होता है। इसलिए जिस उपवास में भोजन याद आ जाए या उसका विचार भी आ जाए तो वह उपवास किसी काम का नहीं। ऐसा उपवास कर ईश्वर के नाम पर शरीर के साथ पाप न करें। इससे बेहतर है ईमानदार बने रहकर चुपचाप सच्ची भूख से खाना ही खा लें।

औरों के द्वारा किए गए हवन एवं पूजा कोई लाभ नहीं देते

हम कोई भी हवन या पूजा अपनी किसी मनोकामना-सिद्धि या कष्ट-निवारण के लिए करते हैं तो अवचेतन मन के नियम के अनुसार आपके भीतर यह प्रबल भाव या आकांक्षा निर्मित होनी चाहिए कि आप वास्तव में पाना चाहते हैं या छुटकारा चाहते हैं! जब आप कोई भी पूजा या हवन स्वयं करते हैं तो भाव आपके अंदर प्रबलता से उत्पन्न होकर अवचेतन मन को यह संदेश देते हैं कि आप अपनी मनोकामना पाने के लिए या कष्ट-निवारण के लिए खूब प्रयत्नशील हैं। आप मार्ग खोज रहे हैं, समय या धन-त्याग करने को तैयार हैं। आपने अपने अंदर एक आग लगा ली है। हवन, पूजा-पाठ तो कर्मकांड है, ऊपर-ऊपर की क्रियाएँ मात्र हैं; क्योंकि कर्मकांड की क्रियाओं के बगैर आपके भीतर सशक्त भाव निर्मित नहीं होगा। इसलिए कर्मकांड या ऊपरी क्रियाएँ

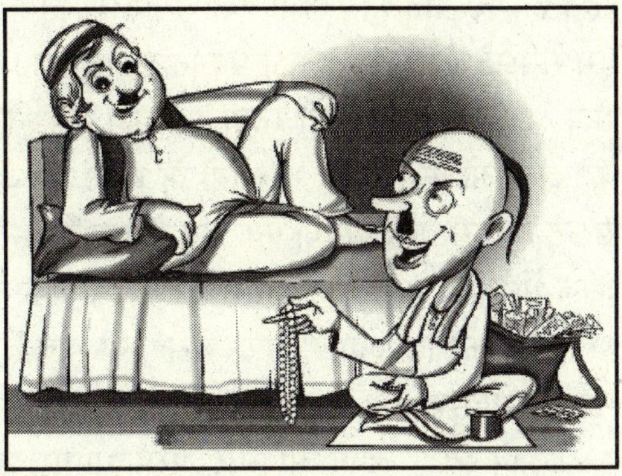

या अभिव्यक्ति आवश्यक है। भाव की प्रबलताओं से एक अनजान आशा बँध जाती है कि इसका कोई-न-कोई तो परिणाम आएगा ही। ऐसे ही हमारा जीवन चलता रहता है।

आधार पर अवचेतन मन प्रभावित होकर तरंगें निर्मित कर ब्रह्मांड से वैसी ही संबंधित ऊर्जाओं को आपके जीवन में आकर्षित करने लगता है। परंतु यह तभी संभव होता है, जब आप, ये कर्मकांड, हवन-पूजाएँ, साधनाएँ स्वयं करें। दूसरे व्यक्ति (पंडित, पुजारी, पादरी, ज्योतिष, तांत्रिक या महात्मा) के हृदय में आपके लिए, आपकी तरह मनोकामना या कष्ट-निवारण के भाव गहरे या प्रबलता से कैसे आ सकते हैं? ऐसे प्रबल भाव केवल एक पूरा ईमानदार, मेहनती लालच-विहीन, प्रेम व परोपकार की भावनावाला व्यक्ति ही ला सकता है और ऐसे पंडित-पुजारी हजारों में एकाध मिलते हैं, जो आपकी समस्या या मनोकामना को अपनी समस्या समझते हैं। इसलिए 99 प्रतिशत मामले में हमें केवल पूजा-पाठ-हवन करके सिर्फ संतुष्टि मात्र मिलती है। एक अनजान आशा बँध जाती है कि इसका कोई-न-कोई तो परिणाम आएगा ही। ऐसे ही हमारा जीवन चलता रहता है।

जिन लोगों के अवचेतन मन में यह धारणा चलती रहती है कि 'मेरे लिए कोई उपवास कर ले, यज्ञ कर ले, पूजा-पाठ कर ले, मैं कुछ नहीं करूँ। मेरे पास समय नही है' तो वे लोग वास्तव में अवचेतन मन को क्या भाव (विचार) दे रहे हैं कि उनके पास समय नहीं है। वे खुद करने के इच्छुक नहीं हैं। उनकी अपनी ही समस्या के लिए भी वे स्वयं सशक्त रूप से उत्सुक नहीं हैं। वे केवल एक भयपूर्ण, स्वार्थ अवस्था में जी रहे होते हैं। इसलिए, यदि आप पैसे के बलबूते पर पंडित, ज्योतिष या पुजारी खरीद लेते हैं और सारा काम उनसे करवाने की कोशिश करते हैं तो इसमें 90 प्रतिशत असफल

रहते हैं। 10 प्रतिशत स्वाभाविक संयोग या नियमानुसार जो फल मिलता है, हम समझते हैं कि यह इनकी मेहनत का फल है। पंडित-पुजारियों की रोजी-रोटी आपके सहारे चलती रहती है। आप समझते हैं कि ये ग्रहों के, भगवान् के, देवताओं के, शैतानी शक्तियों के एजेंट हैं। जैसा चाहे काम इनसे करवा सकते हैं। इस तरह दुनिया एक भ्रम में चलती रहती है। क्या इस भ्रम में आप आज भी जीना चाहेंगे? इस भ्रम को सदियों तक और घसीटना चाहेंगे? आप ही निर्णय करें कि आपके भीतर ऐसा क्या भाव है, जिससे आपका अवचेतन मन सकारात्मक रूप से प्रभावित होगा?

आप स्वयं, अपने आप पर, परमात्मा पर, उसके बनाए अचूक नियमों (धर्म) पर अटूट-अटल श्रद्धा उत्पन्न कर, एक प्रबल सकारात्मक भावना पैदा कर अवचेतन मन को प्रभावित कर सकते हैं और आकर्षित कर सकते हैं, ब्रह्मांड से वे सकारात्मक तरंगें, जिससे आपकी नकारात्मक समस्याओं की तरंगें क्षीण हो सकती हैं। आपसे बढ़िया और आपसे परफेक्ट दुनिया का कोई भी महान्-से-महान् पंडित, पुजारी या ज्योतिषी यह काम नहीं कर सकता, जो आपकी स्वयं की ऊर्जा कर सकती है।

तीर्थयात्राएँ : अगर आप यह सोचकर तीर्थयात्राएँ करते हैं कि आपने घर में जो परमात्मा बैठा रखे हैं या आपके नजदीक पड़ोस के मंदिर में जो परमात्मा हैं, वे इतने शक्तिशाली नहीं हैं, जितने कि कहीं दूर पहाड़ पर बैठे या किसी ताजमहल की तरह भव्य आलीशान महँगे मंदिर के भगवान्। ज्यादा शक्तिशाली दूर वाले भगवान् हैं, तो आपको तीर्थयात्रा का लाभ कभी नहीं मिल सकता। यदि आप यह सोचकर डॉक्टरों की तरह भगवान् बदलते हैं कि आजकल शंकर, हनुमान या

दुर्गा मेरी मनोकामना या समस्या ठीक नहीं कर पा रहे हैं। साईं बाबा या फलाने मजार वाले बाबा आजकल ज्यादा प्रसिद्ध हैं और उनके सफलता के रेट शंकरजी या दुर्गा से ज्यादा है तो आपको तीर्थयात्रा का लाभ आप ऐसा सोचकर तीर्थयात्रा कर रहे हैं कि जीवन भर मैं अपने काम में डूबा रहा, भगवान् का कभी खयाल नहीं आया, समय कभी निकाल नहीं पाया। जवानी के जोश में उसकी मुझे कोई विशेष जरूरत भी नहीं थी। अब मेरी उम्र उस अंतिम पड़ाव मर है, अत: अंत में थोड़ा दूर-दूर बैठे इन सभी अलग-अलग तरह के भगवानों के पास हाजिरी दे दूँ। शायद ईश्वर की नजरों में आ जाऊँगा। भगवान् खुश होकर मेरे पुण्य का हिसाब-किताब बढ़ा देंगे। स्वर्ग में जाने की सीट पक्की हो जाएगी और बार-बार उसके दरबार में हाजिरी लगाने से वह समझ ही जाएगा। भगवान् इतने तो समझदार होते ही हैं कि एक आदमी इतनी बार। उसके दरबार में आकर हाजिरी लगा रहा है तो निश्चय ही उसकी समस्या तो ठीक करनी ही पड़ेगी और स्वर्ग में उसे एक विशेष स्थान देना होगा या स्वर्ग से बढ़कर बैकुंठ धाम, शिव धाम, मोक्ष—जहाँ स्वर्ग से ज्यादा मौज है, वहाँ भेजना पड़ेगा; क्योंकि वह इतने चक्कर जो बार-बार लगा रहा है। तो समझ लीजिए, आप बहुत बड़े भ्रम में हैं। आप तीर्थयात्रा का लाभ ले ही नहीं सकते।

अगर आप यह सोचकर बार-बार तीर्थयात्रा करते हैं कि सामान्य सांसारिक जीवन में तनाव है, दु:ख है। थोड़े दिन तीर्थयात्राएँ कर आओ तो ठीक, एक दवा की तरह उसका लाभ अस्थायी रूप से अवश्य मिलेगा। चूँकि आप वापस वहाँ से घर लौटकर वैसे ही फिर दु:ख, तनाव, भय, अहंकार में जीने लग जाते हो, इसलिए आपकी ये तीर्थयात्राएँ दवा की तरह लंबे समय तक लाभ नहीं दे सकतीं, क्योंकि आपकी ईश्वर पर न अटूट श्रद्धा है, न उसके नियमों पर अटूट विश्वास। आप तो केवल ठंडे पानी के छींटे मारने जाते हो थोड़ी देर की राहत के लिए, जिसको अवचेतन मन आंतरिक गहराई से अच्छी तरह जानता है।

अगर आप ऐसा सोचकर तीर्थयात्राएँ करते हैं कि कोई बड़ा धन्ना सेठ अपने काले धन की कमाई द्वारा पुण्य कमाने के नाम पर सबको मुफ्त में

तीर्थयात्रा की सैर कराने ले जाता है और हमें मुफ्त में बगैर खर्च किए ईश्वर को प्रसन्न करने या पुण्य कमाने का मौका मिल जाएगा तो आप भ्रम में हैं; क्योंकि आपके आंतरिक मन में मुफ्तखोरी, कंजूसी, लालच, स्वार्थ, चापलूसी का भाव प्रबल है, बहती गंगा में हाथ धोनेवाला भाव है। ऐसे भावों से कौन पुण्य देगा? हाँ, आप यदि अपने बलबूते पर कृतज्ञता का भाव प्रकट करने तीर्थयात्रा पर जाते हैं तो आपके सद्‌भाव के कारण पुण्य मिलने की ज्यादा संभावना रहती है।

उपर्युक्त तीर्थयात्राओं में अधिकतर आपके आंतरिक भाव, स्वार्थ (आपकी मनोकामनाएँ, कष्ट-निवारण हेतु ईश्वर का नाम जो चाहे हो, धर्म कोई भी हो, आपका मतलब सिद्ध होना चाहिए), लालच (स्वार्थ, मोक्ष और अधिक सुख शांति हेतु), चापलूसी (कि ईश्वर बड़ा अहंकारी है, प्रशंसा व गुणगान से बड़ा खुश होता है) आपका वह विशेष खयाल रखेगा। ऊपर जाने पर आपके पुराने पाप-कर्म भुला देगा। भय (नाम ले लो ईश्वर का, पूज लो उसको, बाँध लो खूब प्रशंसा के पुल। कहीं नाम न लेने से, उसकी तरफ न देखने से मेरा काम न बिगाड़ दे, धंधा चौपट न कर दे, ढेर सारी समस्याएँ या बाधाएँ न पैदा कर दे, बड़ा अहंकारी नेता किस्म का है ईश्वर)। त्याग (भीतर से तो चाहते नहीं हो कि ऐसे जिया जाए, परंतु मजबूरी है, क्योंकि त्याग किए बिना ईश्वर हमारी सुनने वाला नहीं है। देवता प्रसन्न नही होंगे, क्योंकि वह हमें कष्ट में देखे बिना खुश नहीं होते)। इस तरह के नकारात्मक भावों से कभी पुण्य का लाभ नहीं मिलता, क्योंकि अवचेतन मन आपके आंतरिक भावों के अनुसार ही फल देता है। तीर्थ का अर्थ है—दूसरे छोर (तीर) पर जाने की कला, उसकी यात्रा, जो 99 प्रतिशत किसी का भी वास्तविक उद्‌देश्य नहीं है। तीर्थ क्षेत्र यानी ऐसी पवित्र व ऊर्जावान् जगह, जहाँ किसी ने बैठकर साधनाएँ कीं, एक सकारात्मक ऊर्जा का निर्माण किया, जहाँ रज-रज में सकारात्मक ऊर्जाओं का भंडार है। जहाँ एक दिव्य पुरुष या आत्मा का निवास रहा है, उस सकारात्मक ऊर्जा को उस तीर्थस्थान पर जाकर कोई भी थोड़ी संवेदनशीलता से सहज ही महसूस कर सकता है। ऐसे तीर्थक्षेत्र में जाते ही आप अपने भीतर एक ऊर्जा, शांति, आनंद, एक मानसिक या भावनात्मक परिवर्तन महसूस

कर सकते हैं। तीर्थयात्रा अर्थात् सामान्य तनावपूर्ण, स्वार्थ एवं वासनाओं से भरे जीवनवाले एक किनारे के विपरीत दूसरी ओर एक ऐसा किनारा भी है, जहाँ प्रेम, आनंद, शांति, करुणा, मैत्री, परोपकार जीवन की सर्वोच्च अवस्था में खिलने जैसा स्वर्ग भी है। तीर्थयात्रा एक झटका है, उत्तेजना है, जाग जाने का संदेश है, एक एवरेस्ट की सूचना है; परंतु 99 प्रतिशत लोग तीर्थयात्रा से लौटकर थोड़ी देर के लिए श्मशान घाट का वैराग्य लाकर फिर उसी बेहोशीवाले जीवन में लौट आते हैं, जैसे कोई गरमी के अंदर ठंडे पानी के छींटे मार आया, परंतु कुछ देर बाद फिर उसी पसीने में लथपथ हो रहा है। तीर्थयात्रा का अर्थ है—ऐसी गंगा में जाना, जहाँ सदियों से संस्कार के रूप में पाले हुए अपने अहंकार, वासनाएँ, अनावश्यक महत्त्वाकांक्षाएँ, स्वार्थ, विकार—सब छोड़कर, साफ कर, उससे मुक्त होकर, जागकर, रूपांतरित होकर फिर इस संसार में आना और कीचड़ होते हुए भी कमल के फूल की तरह खिलना और अपनी सुंदरता व पवित्रता का लाभ संसार को देना। तीर्थयात्रा कर जागे ही नहीं, रूपांतरित ही नहीं हुए तो करते रहें ऐसी हजारों तीर्थयात्राएँ और देते रहें दिल को झूठी तसल्ली, जीते रहें भ्रम में, संसार में किसी को कोई फर्क नहीं पड़ने वाला। अब तो होश में आ ही जाओ और कर लो सच्ची तीर्थयात्रा—कहीं दूर जाकर नहीं, अपने भीतर जाकर। बाहर की सभी तीर्थयात्राएँ भीतर की तीर्थयात्रा से बचने के उपाय हैं, अपने से और दूर जाने के तरीके हैं। इसलिए सदियों से मानव इतनी तीर्थयात्राएँ करने के बावजूद वहीं-

का-वहीं है। उसे सिर्फ यही मानसिक संतोष है कि उसने भले ही कितने ही पापकर्म किए हों, भगवान् के दरबार में हाजिरी लगाकर या थोड़ा-बहुत दान देकर या मंदिर-गुरुद्वारे में सेवा कर उसने ईश्वर को सूचित कर दिया है। अब ईश्वर इतना तो करेगा ही कि यमराज को सूचित कर स्वर्ग, मोक्ष या अन्य किसी मजेदार धाम में छोटी-मोटी जगह दे देगा, नरक से बचा लेगा—पता नहीं किसको खुश करने के लिए। आदमी भीतर की तीर्थयात्रा से बचकर बाहर की तीर्थयात्राओं को इतना महत्त्व देता है। ऐसा नहीं है कि बाहर की तीर्थयात्राएँ गैर-जरूरी हैं या महत्त्वपूर्ण नहीं हैं। बाहर की तीर्थयात्राएँ आध्यात्मिक जगत् में प्रवेश करने की पहली सीढ़ी हैं, एक प्रेरणा है, एक उत्तेजना है। अंतिम मंजिल या उद्देश्य तो भीतर की गंगा में डूबना है, उस पार जाना है, स्वयं को तीर्थ-स्थल बनाना है। तीर्थयात्रा करनी नहीं है, स्वयं तीर्थ-स्थल में रूपांतरित हो जाना है।

हमारे ही डर—हमारे ही विश्वास।
करते हैं निराश या बँधाते हैं आस॥

□

25

क्यों असफल होते हैं ओलंपिक में भारतीय खिलाड़ी

सदियों से संसार में यह बार-बार सिद्ध होता आया है कि आदमी चाहे गरीब हो, अपंग हो, विपरीत परिस्थितियों से घिरा हुआ हो, अपनी दृढ इच्छा-शक्ति, जिद, असीम उत्साह, साहस—हर हालात से लड़ते हुए पाने की महत्त्वाकांक्षा, अपनी क्षमताओं पर विश्वास होना जैसे अनेक गुणों से अविश्वसनीय उपलब्धियाँ हासिल कर संसार को आश्चर्यचकित करता रहा है। गरीबी या अपंगता उनके दिमाग में न तो कभी छाई, न उनके लिए बंधन ही बनी।

यह अपने आप में बहुत ही दुःख की बात है कि भारतीय खिलाड़ियों में अदम्य साहस, क्षमता, गुण, मेहनत—सारे अच्छे गुण होने के बावजूद ओलंपिक जैसे खेलों में वह प्रदर्शन नहीं कर पाते हैं, जो दूसरे देश के खिलाड़ी कर पाते हैं। हम

छोटे-मोटे एक-दो मेडल लेकर खुश हो जाते हैं और चार दिन हार-जीत का विश्लेषण कर चुप हो जाते हैं, परंतु इसके पीछे के कारणों को कभी ठीक नहीं कर पाते हैं। उनकी हार के प्रमुख अवचेतन मन के जो कारण हैं, उनमें से कुछ हैं—

1. हर खिलाड़ी के मन में कहीं-न-कहीं यह भावना निश्चित है कि विदेशी खिलाड़ियों के पास श्रेष्ठ सुविधाएँ हैं, कोच हैं, अच्छी देख-रेख है, तनख्वाह है, सुरक्षाएँ हैं। हमसे ज्यादा उत्कृष्ट लोग हैं। हमारे भीतर कहीं-न-कहीं एक निष्कृष्टता का भाव (Impriority complex) अवश्य है, क्योंकि वे फर्राटेदार अंग्रेजी बोलते हैं, हम थोड़ा उनसे कम। वे दिखने में हट्टे-कट्टे, लंबे-चौड़े, गोरे-चिट्टे हैं, हम उनसे ऊँचाई में थोड़े कम। हम गेहुँए रंग के हैं, आर्थिक रूप से कमजोर हैं, सुविधाएँ पर्याप्त नहीं हैं, चार दिनों की चाँदनी है, भविष्य एवं सुरक्षा का अता-पता नहीं है। कोच, सरकार या खेल-बोर्ड पक्षपाती है। मैं जीतने की अवश्य कोशिश करूँगा (इसके पीछे यह भाव है कि मैं शायद जीत पाऊँ या मैं हार भी सकता हूँ या मुझे अपने आप पर, अपनी क्षमता पर शत-प्रतिशत विश्वास नहीं है या मुझे अपनी जीत पर शक है इत्यादि)।

हम चेतन मन से अपने आपको कई तरह के सकारात्मक विचारों से प्रोत्साहित तो करते हैं, परंतु अवचेतन मन में कमियाँ, अतृप्ति, हीनभावनाएँ, शिकायतें, दोष, पक्षपात, राजनीति, असुरक्षा, लालच, भय, अपनी क्षमता एवं मेहनत पर अति आत्मविश्वास, अहंकार, तुलना ऐसे अनेक नकारात्मक भावों से ग्रस्त रहते हैं, जिसका प्रभाव उसके परिणामों पर अवश्य पड़ता है; क्योंकि हमारे गलत परिणाम, फल या फसल हमारे गलत बीज की सूचना देते हैं।

इस संसार में सफलता और असफलता के भी नियम होते हैं। प्रकृति का यह सीधा नियम है कि जो व्यक्ति पूरी दीवानगी, आत्मा से अटूट विश्वास, मंजिल को पाने के लिए पूर्ण एकाग्रता, कमियों और बाधाओं को रुकावट न मानकर रात-दिन उसकी बारीकियों को जानने के लिए अध्ययन करना, मेहनत करना, समय, नींद, खाने-पीने जैसी चीजों को भूलकर पूरी तरह डूब जाने की आदत, निराशा को सीढ़ी बनाकर नीचे न गिरकर ऊपर उठ जाने की हिम्मत

और फिर दोबारा प्रयास करना, अपनी जीत को कल्पना में प्रत्यक्ष देखते रहना, महसूस करते रहना, सादगी व सरलता (अकड़पन, अहंकार, डींगें हाँकने से मुक्त) जैसे अद्‌भुत सकारात्मक गुणों के कारण दुनिया की कोई शक्ति न तो उन्हें रोक सकती है, न हरा सकती है। हमारे जीवन की हर हार-जीत, सफलताएँ-असफलताएँ, आशा-निराशा, गरीबी-अमीरी, सुख-दुःख, अच्छा-बुरा, तृप्ति-अतृप्ति हमारे चेतन मन द्वारा भेजे गए विचारों, विश्वास एवं धारणाओं से प्रभावित होकर अवचेतन मन से निर्धारित होते हैं। इन सभी का मूल बीज, जड़ें अचेतन मन में होती हैं। भारत के ओलंपिक खिलाड़ियों को साइकोलॉजिस्ट या साइकोथैरैपिस्ट जरूर मार्गदर्शन करते हैं; परंतु जो वास्तविक शिक्षा—अवचेतन मन की शक्तियों का विज्ञान उन्हें सिखाया जाना चाहिए, उस पर न हमारी सरकार का, न हमारे कोच का या खेल बोर्ड का कोई ध्यान है, न उन्हें ऐसा विज्ञान आज तक सिखाया गया है, जिसके कारण भविष्य में अच्छे सफल खिलाड़ियों की संभावनाएँ अत्यंत कमजोर हैं।

विदेशों में अवचेतन मन विज्ञान के अच्छे-अच्छे विशेषज्ञों से सुझाव एवं परामर्श लिया जाता है और खिलाड़ियों को अनजाने में पाले हुए नकारात्मक विचार एवं धारणाओं से मुक्त किया जाता है। इसी कारण उनकी परफॉर्मेंस अच्छी साबित होती है और उनके खेलों में वह झलकती भी है, भले ही वे पूरी तरह पहले नंबर पर न रहें। भारत देश में भी अवचेतन मन के प्रशिक्षण की गंभीर आवश्यकता है।

□

26

सपने : अवचेतन मन की परछाइयाँ

सपने दो तरह के होते हैं—एक, जो अपने आप, बगैर चाहे, बिना आपकी इजाजत के आते रहते हैं; दूसरे, आप स्वयं पैदा कर देखते हैं। इस सपने में हमारा चेतन मन पूरी तरह सक्रिय है और पहलेवाले में हमारा अवचेतन मन अधिक सक्रिय है। हम यहाँ इन्हीं अपने आप आनेवाले सपनों की चर्चा करेंगे।

हर व्यक्ति को सपने आते हैं, यह सारे विश्व के वैज्ञानिकों का निश्चित मत है। सपने बहुत गहरी निद्रा की अवस्था में कम हो जाते हैं। यह अवस्था पूरे 8 घंटे की नींद में मुश्किल से 2 या 3 घंटे होती है, जिसे हम 'डेल्टा स्थिति' कहते हैं। इस समय हमारा आंतरिक मन इस कदर शांत हो जाता है कि वह कुछ भी नहीं देख सकता।

जैसे-जैसे हम गहरी निद्रा की अवस्था से धीरे-धीरे बाहर आने लगते हैं और सामान्य निद्रा की अवस्था में आने लगते हैं, हमारा आंतरिक मन सचेत होकर अवचेतन मन द्वारा पैदा किए जा रहे सारे दृश्य का चुपचाप साक्षी होकर अवलोकन करता रहता है। निद्रा की अवस्था में हमारा सूक्ष्म शरीर भौतिक शरीर से ऊपर उठकर सूक्ष्म जगत् की दुनिया में विचरण करने लग जाता है। ज्यादातर तो हम अपने ही विचारों की तरंगों से बुने हुए जगत् के दायरे में घूमते हैं और उनसे संबंधित सपने देखते हैं और कई बार हम इन दायरों से निकलकर स्वयं से असंबंधित सपने भी देखते हैं, जिसका हमारे साथ कोई लेना-देना नहीं होता।

क्या सपने सच होते हैं? क्या इनका कोई गूढ़ अर्थ है? क्या इसमें कोई भविष्य का संदेश है? जी हाँ, सपना अंत:प्रेरणा (Intuition) के द्वारा मार्गदर्शन देनेवाला बहुत बड़ा जरिया है। हमारे कई अनसुलझे सवालों का जवाब सपनों में मिल जाता है। कलाकार, संगीतज्ञ, वैज्ञानिक, अन्वेषक (खोजी) सपनों के माध्यम से अकसर मार्गदर्शन या जवाब सहज ही पा लेते हैं; परंतु ऐसे मार्गदर्शक सपने कभी-कभार ही आते हैं। कई सपने हमारे तनावों, चिंताओं, अतृप्त इच्छाओं, वासनाओं के प्रतिबिंब होते हैं, जिनकी गहरी छाप हमारे अवचेतन मन पर पड़ी रहती है। जिन शक्तियों पर या इष्टदेव पर हम अटूट श्रद्धा रखते हैं, वे ही दिव्य आत्माएँ या हमारे पुरखे, हमारे सपनों के माध्यम से हमें सचेत करते हैं, मार्गदर्शन देते हैं या समस्याओं का समाधान देते हैं। इसमें वे ही ईश्वर, देवता या गुरु आते हैं, जिनकी शक्ल की छाप आपके अवचेतन मन पर होती है। मुसलमान या ईसाई के सपनों में कृष्ण, राम, गणेश, शंकर जैसे भगवान् कभी नहीं आते। चीन-जापान वालों को लंबी मूँछों व दाढ़ीवाले तथा अपनी शक्ल से मिलती-जुलती शक्लवाले भगवान् ही नजर आते हैं।

अधिकतर सपने पेट की गड़बड़ी से आते हैं

अपने अध्ययन एवं रिसर्च में मैंने यह पाया है कि 10 प्रतिशत सपने तो अंत:प्रेरणा, मार्गदर्शन या समाधानवाले होते हैं और 90 प्रतिशत बेमतलब

के होते हैं। ये सपने उन लोगों को ज्यादा आते हैं, जिनका पेट खराब होता है, खूब गैस बनती है, अपच व एसीडिटी होती है, खूब अम्लकारक (मांस, अन्न, दालें, अंडे, पनीर, हाई प्रोटीन, शराब, उबली हुई चाय व चीनी आदि पचने पर खूब अम्लता पैदा करते हैं) आहार का सेवन करते हैं, उतने ही उन्हें अजीबो-गरीब, डरावने एवं बेकार के सपने आते हैं; क्योंकि वायु प्रकोप एवं रक्त में अम्लता उच्च स्तर की होने के कारण हमारे दिमागी कोषाणुओं एवं स्नायुतंत्र को घर्षण कर उत्तेजित करते हैं, जिससे ब्रेन सेल उत्तेजित होकर कुछ हमारे भीतरी अवचेतन मन में दबे हुए विचार और कुछ बाहर के सूक्ष्म जगत् से असंबंधित आसपास की तरंगों के साथ सम्मिलित होकर अजीबो-गरीब घटनाएँ दिखाता रहता है। कभी कुछ तो कभी कुछ; कभी खूब डरावने सपने भी। इस तरह आप रोज सपने देखते रहते हैं। अगर आप इन सपनों पर गौर करेंगे तो आप अच्छी तरह समझ जाएँगे कि इनमें से कोई निष्कर्ष नहीं निकाला जा सकता, न ही हमें कोई मार्गदर्शन मिलता है। आप जैसे अपने

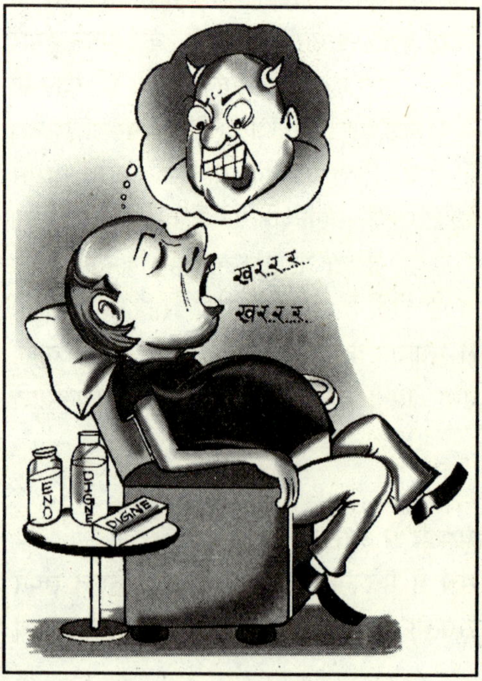

पेट को सही खान-पान से ठीक करते हैं, वायु या एसीडिटी बनना बंद हो जाती है, आपको ऐसे फालतू के सपने आने बंद हो जाते हैं। जैसे-जैसे आप अम्लकारक आहार (हाई प्रोटीन, मांस, अन्न, दालें, पनीर, अंडे) कम करते चले जाते हैं और क्षारीय आहार (फल, सलाद, जूस, अंकुरित अनाज) बढ़ाते चले जाते हैं, आपकी रक्त की अम्लता कम होने लगती

है और मस्तिष्क एवं स्नायुतंत्र को उत्तेजना न मिलने के कारण सपने सक्रिय नहीं हो पाते हैं। जितना पेट खराब, उतना ही माथा (मन) खराब।

हम लोग स्वयं अपक्वाहार—फल, सलाद, मेवे और अंकुरित अनाजों पर करीब 30 साल से रह रहे हैं और दालों आदि को बहुत कम-से-कम प्रयोग करते हैं। पाचन के नियमों का खूब सख्ती से पालन करते हैं, भूख होने पर ही भोजन करते हैं (जिसे खाने पर पचने की 100 प्रतिशत गारंटी होती है और खाने के सड़ने का कोई सवाल पैदा नहीं होता) एक बार में एक प्रकार का ही ठोस आहार लेते हैं, जिससे शरीर उस आहार को पूरी क्षमता से पचा रहा होता है। इसलिए पेट में न तो अपच, न ही गैस, न ही एसीडिटी बनती है। पेट इतना शांत रहता है कि पता ही नहीं चलता कि पेट नामक कोई हमारे पास अंग भी है। इस कारण, जब हम रात को सोते हैं तो नींद इतनी गहरी होती है कि सुबह जब उठते हैं तो ऐसा लगता है कि सोए हुए अभी 5-10 मिनट ही हुए हैं। सुबह नींद खुलने से पहले थोड़े-बहुत सामान्य से (बेकार या डरावने नहीं) सपने देखने में आते हैं, वह भी कभी-कभार रोज नहीं और उन सपनों का विश्लेषण करूँ तो कुछ भी निष्कर्ष नहीं निकलता। हो सकता है कि थोड़े-बहुत सपने गहरी नींद के दरम्यान चल रहे होते हैं, जो हमारी गहरी निद्रा के कारण कभी अनुभव में नहीं आते। फिर भी, इतना तो फर्क है ही कि सामान्य लोगों की तरह लंबे-चौड़े व फालतू सपने नहीं आते। इतने भी हल्के से जो सपने आते

हैं, मैं ऐसा मानता हूँ कि ये सिर्फ हमारे सांसारिक जीवन में विचार-मंथन के अच्छे उपयोग के कारण आते हैं, जिसके कारण हमारा अवचेतन मन भी सक्रिय रहता है।

मेरा अपना अनुभव और निचोड़ यह है कि जब हम जीवन के नियमों के प्रति जागकर, साक्षी, निष्प्रतिक्रिय, निरासक्त (मोह-रहित) भाव में आ जाते हैं और प्रतिपल वर्तमान में जीते हैं तो चेतन मन और अवचेतन मन के बीच की दीवार गिर जाती है, जिससे अवचेतन मन में कोई कुविचार, चिंता या तनाव घर नहीं बनाते। अवचेतन मन प्राय: पूरा खाली रहता है। इसलिए सपनों में उसका कोई प्रतिबिंब या कोई छवि नहीं बनती। जितना हमारा मन वर्तमान से हटकर भूत या भविष्य में भागता रहेगा, खूब विचारों की उथल-पुथल से भरा हुआ होगा तो उसका प्रतिबिंब सपनों में उजागर होगा ही। सपने तुम्हारे ही द्वारा पैदा किए गए विचार रूपी बीजों के प्रतिफल हैं। कम विचार, कम सपने; अधिक विचार, अधिक सपने।

जितना हम अपने मन की बातें बाहर उड़ेल देते हैं—चाहे भाषण देकर, गपशप कर, चाहे फालतू की बकबक कर, चाहे किसी दोस्त या सहेली को बोलकर या समय-समय पर भड़ास निकालकर—ऐसे व्यक्तियों के भी सपने थोड़े कम हो जाते हैं। हाँ, अगर ये निकल नहीं पाते तो सपने विकराल हो जाते हैं।

सपनों से मुक्त होने का या कम करने का सीधा उपाय है—भूख में खाएँ, सादा खाना खाएँ, पेट हल्का रखें, ध्यान और साक्षी भाव में आकर वर्तमान में जीना शुरू करें। सकारात्मक चिंतन, मनन, मंथन सकारात्मक सपने लाते हैं; नकारात्मक चिंता, तनाव, भय, दमन नकारात्मक सपने लाते हैं। सपने कारणों से पैदा होते हैं; कारण गायब सपने गायब।

□

27

भूत-प्रेत अवचेतन मन की उपज

भूत-प्रेत होते या नहीं होते हैं यह एक अलग चर्चा का विषय है, परंतु सदियों से भूत-प्रेत लोगों की कल्पनाओं में जिंदा हैं। अगर, बचपन से ही बच्चों का 'भूत-प्रेत' नामक शब्द से परिचय ही न करवाया जाए और न ही उन्हें उसकी डरावनी कहानियाँ सुनाई जाएँ तो अँधेरे, श्मशान घाट, खँडहर, जंगल उनके लिए डर के विषय नहीं होंगे। भूत-प्रेत आज तक किसी ने प्रत्यक्ष नहीं देखा; परंतु कल्पना में जितनी गहराई से हम उसकी छवि बनाते हैं, हमारे अवचेतन मन में उसकी छाप पड़ जाती है। डरावनी फिल्मों ने इस भय को पूरी तरह मजबूत कर दिया है। सदियों से अँधेरे हमें अनजानी शैतानी शक्तियाँ और भय के रूप में पेश किए गए। इसलिए घनघोर अंधकार में जब हम प्रवेश करते हैं, तब वास्तव में भूत-प्रेत बिल्कुल नहीं होते। परंतु हम बचपन से सुनाई गई भूत-प्रेत की कहानी या फिल्मों में दिखाए गए दृश्य कहानियों के आधार पर कल्पना में भूत-प्रेत की आकृति या डर पैदा करने लग जाते हैं। और हमारी वे ही कल्पनाएँ अँधेरे में चंद्रमा, सितारे या अन्य किसी प्रकाश से निर्मित छाँव या प्रतिबिंब में भूत-प्रेत के आकार को महसूस करने लग जाती हैं और हम दावा कर बैठते हैं कि हमने प्रत्यक्ष भूत को देखा है। जिस तरह हम डिजाइन वाली मोजेक टाइल्स मार्बल के फर्श में या बादलों में अचानक कोई आकृति देखने लग जाते हैं, ठीक वही भ्रम हमें अँधेरे में छाँव और प्रतिबिंब से निर्मित आकार को देखकर होने लगता है। भूत-प्रेत

हमारे अवचेतन मन में दबे हुए भय, छाप और विश्वास के प्रतिबिंब मात्र हैं, हकीकत नहीं।

हर श्मशान घाट में एक चौकीदार एवं उसका परिवार अवश्य रहता है। उसके बच्चे रात-दिन वहीं खेलते हैं। जब उन चौकीदारों और बच्चों से हमने बातचीत की तो पता चला कि उन्हें श्मशान घाट में बिल्कुल डर नहीं लगता और न ही अपनी पूरी जिंदगी में उन्होंने वहाँ किसी आत्मा या भूत-प्रेत को देखा। अब उन चौकीदार और बच्चों के दिमाग में अवचेतन मन में शुरुआत

से ही श्मशान घाट और अँधेरे के बारे में अलग छाप पड़ी है, जिससे वे भूत-प्रेत, आत्मा जैसे शब्दों से डरते ही नहीं; न उनके लिए अँधेरे में कोई आकृतियाँ बनती हैं।

भूत-प्रेत मानव की कल्पना की उपज हैं। जितनी गहराई से हम इसके बारे में बार-बार सोचते हैं, उतनी ही अवचेतन मन में छाप और गहरी पड़ती जाती है और फिर इन गहरी कल्पनाओं, निर्मित होती आकृतियों, अवचेतन मन के सहयोग से उन्हें प्रत्यक्ष या आँखें बंद करने पर या सपनों में दिखाई देते हैं। ऐसे ही व्यक्तियों के अनुभव सुन-सुनकर दूसरे लोग भी अपनी कल्पनाओं में ऐसे विचार पैदा करने लग जाते हैं और अपने अवचेतन मन में छाप बैठा देते हैं। फिर, जब भी उनका वास्ता अँधेरे, जंगल या खँडहर से पड़ता है, उनकी वही आंतरिक छाप वैसी ही कल्पना करने लग जाती है।

संत-महात्मा, साधक, साधुगण, तांत्रिक, शिकारी, सुरक्षा सैनिक, जासूस, चोर, डाकू, लुटेरे, वनवासी, आदिवासी जैसे अनेक लोग वर्षों से घनघोर अँधेरों में, जंगलों में, सुनसान में या खँडहरों में जीवन व्यतीत करते हैं; परंतु उनमें से आज तक किसी ने यह साबित नहीं किया कि उनका भूत-प्रेत से

कभी वास्ता पड़ा है। डाकू तो बीहड़ जंगलों में एवं खँडहरों में पूरा जीवन जीते हैं। परंतु आज तक किसी डाकू ने यह नहीं कहा कि उन्हें भूत-प्रेत जैसी किसी चीज का कभी कोई अनुभव हुआ।

बचपन में हॉरर (डरावनी) फिल्मों में हम कई तरह की अजीबो-गरीब आवाजें सुनते, जैसे—दरवाजे का आवाज करते हुए खुलना, मेढक व छिपकली की टर्र-टर्र, उल्लू की आवाजें, पत्तों की आवाजें, जूते की थप-थप या चर्र-चर्र, पानी की बूँद का टपकना, साँसों की आवाजें जैसी अनेक आवाजें हमारे अवचेतन मन में गहराई से बैठ जाती हैं। अब हम अकेले में, अँधेरे में या जंगल में जब भी ऐसी आवाजें सुनने लगते हैं, तुरंत हमारा अवचेतन मन उन्हीं पुराने अनुभवों के साथ एक सेकंड में जुड़ जाता है और हृदय की धड़कनें व कँपकँपाहट बढ़ जाती है। इस समय हम ठीक वही कल्पना कर रहे होते हैं, अवचेतन मन हमारी कल्पनाओं को सच मानकर हमारी श्वास, धड़कनें, कँपकँपाहट तेज कर देता है और हम सिहर उठते हैं।

हम किसी भी विचार या कल्पना को अपने मन में बार-बार दोहराकर अपने आभामंडल में उसकी सकारात्मक या नकारात्मक ऊर्जा का सशक्त बल निर्माण कर सकते हैं और उसका फायदा या नुकसान उठा सकते हैं। हमारे डर, भूत-प्रेत वास्तविक न होकर केवल कल्पनाओं की उपज हैं। हमारे तमाम देवी-देवता, इष्टदेव, भगवान्, गुरु या दिव्य आत्माएँ, परियाँ आदि वास्तव में न होकर हमारी कल्पनाओं की उपज हैं। ईश्वर का कोई स्वरूप नहीं होता। उसकी कोई आकृति नहीं होती। वह सर्वव्यापक है और कण-कण में व्याप्त है। परंतु हर धर्म, संप्रदाय, जाति का व्यक्ति अपने-अपने विश्वास एवं अवधारणाओं के अनुसार एक ईश्वर रूपी आकृति को मन में बैठाकर उसको अपने सपनों में, कल्पनाओं में अनुभव करने लग जाता है। इसलिए हर धर्म, जात-पाँत के लोगों को अपने-अपने धर्म के भगवान् ही दिखते हैं, दूसरों के नहीं। हिंदू को ईसा मसीह या मुसलमान को भगवान् नहीं दिखते। इसी तरह मुसलमान या ईसाई को हिंदू, चीनी या जापानी भगवान् नहीं दिखते। ये सभी अवचेतन मन के खेल हैं।

इसी तरह हमारे नकारात्मक विचार, कल्पनाएँ, मान्यताएँ, भूत-प्रेत,

राक्षस सब दिखा देते हैं। मजेदार बात तो यह है कि भारतीय को भारतीय शक्ल के देवी-देवता एवं भूत-प्रेत दिखते हैं और पहनावे व श्रृंगार भी भारतीय और अमेरिकन, चीनी, जापानी को अपनी शक्लवाले देवी-देवता या भूत-प्रेत दिखाई देते हैं। उनको भारतीय या अफ्रीकी भूत या देवता नहीं दिखाई देते। इस बात से हम यह अच्छी तरह समझ सकते हैं कि हमारे देवी-देवता, भूत-प्रेत बचपन से दिखाए-सुनाए गए विचारों के अनुसार हमारे अवचेतन मन में निर्मित होते हैं।

जिस नकारात्मक विचार को हम बार-बार गहराई से दोहराते हैं, उसकी नकारात्मक तरंगों की परतें धीरे-धीरे हमारे आभामंडल में काले धुएँ की तरह आकार लेने लग जाती हैं और यही आकार डरावनी शक्लों में, आकृतियों में हमारे जाग्रत् या स्वप्न अवस्था में दिखाई देने लगते हैं। ये नकारात्मक आकृतियाँ हमारे ही द्वारा उत्पन्न मानस-पुत्र हैं।

विश्व में सबसे ज्यादा भूत-प्रेत की शिकार महिलाएँ ही क्यों ?

विश्व भर में महिलाएँ अधिकतर भूत-प्रेत, पिशाचिनी, डाकिनी जैसी शैतानी शक्तियों से प्रभावित होती हैं, पुरुष थोड़े कम। क्या सचमुच महिलाओं में ये शैतानी शक्तियाँ प्रवेश करती हैं और करती भी हैं तो महिलाओं में ही क्यों करती हैं ?

अध्ययन एवं खोजबीन से यह स्पष्ट देखने में आता है कि 90 प्रतिशत महिलाओं में सचमुच में न तो कोई भूत-प्रेत आते हैं और न ही कोई अन्य शैतानी, शक्ति

बल्कि भूत-प्रेत के रूप में दिखनेवाली हरकतें वास्तव में रहस्य (मिस्ट्रीज) हैं। सारे विश्व में और भारत में—विशेषकर महिलाओं पर—सबसे ज्यादा अत्याचार व शोषण होता है। उनके व्यक्तित्व, सपनों, कामनाओं, वासनाओं, अभिव्यक्तियों एवं विचारों को दबाया जाता है, सामाजिक रूढियों एवं नियमों में बाँधा जाता है और पुरुष स्वयं यह नियम बनाता है और खुद को इन नियमों से मुक्त रखकर अपनी मनमानी, मरजीवाला जीवन जीता है। औरत को एक खिलौना, मशीन की तरह उपयोग करता है। घर में उसका उपयोग एक कामवाली की तरह करता है। खुद आजादी से जहाँ चाहे विचरण करता है, औरत को गाय-भैंस की तरह बाँधकर घर में छोड़ देता है, जिससे उसके अपने गुण, कला एवं अध्यात्म का कोई विकास नहीं होता। ऐसी महिलाएँ भीतर-ही-भीतर धीरे-धीरे घुट-घुटकर, दमित होकर कुंठित हो जाती हैं और यही दमित भावनाएँ विचार-विस्फोट बनकर असहाय व मजबूर महिलाओं को हिस्टीरिया का शिकार बना देती हैं, जिससे उसका अजीबो-गरीब व्यवहार, चंडिका का रूप जब सामान्य आदमी या समाज समझ नहीं पाता तो ऊपरी हवा, भूत-प्रेत का असर जैसे दोष उन महिलाओं पर मढ़ देता है और मूल कारण ठीक करने के बजाय उसको पंडितों, तांत्रिकों, साधुओं के जाल में फँसा देता है। हमारे पंडित व तांत्रिक भी अधिकतर पुरुष होते हैं। वे भी इस भ्रम को अपने विभिन्न क्रियाकलापों से शत-प्रतिशत, भूत-प्रेत होने को सिद्ध कर देते हैं। (यह तो सब अच्छी तरह जानते ही हैं कि पंडित-ज्योतिषी के पास जाओगे तो कोई-न-कोई ग्रह जरूर खराब मिलेंगे और तांत्रिक के पास ऊपरी हवा का या किसी के द्वारा करवाया प्रकोप अवश्य मिलेगा; क्योंकि हमारी इसी अज्ञानता, भय और अंधविश्वासों पर उनकी रोजी-रोटी चलती है। इसलिए इन भयों को मजबूत करना उनकी विवशता है।) यही खेल सदियों से चला आ रहा है और आज भी—विशेषकर भारत में एवं गरीब अविकसित देशों में—यह पाखंड ज्यादा प्रचलित है। भारत में महिलाओं पर सबसे ज्यादा दबाव, दमन और अत्याचार होते हैं। गरीबी से, पुरानी रूढियों से, रीति-रिवाजों से अंदर से न चाहते हुए भी सामाजिक दबाव में जूझती रहती हैं और जहाँ ऐसी स्थितियाँ अधिक हैं, वहाँ सबसे ज्यादा भूत-प्रेत के

मामले मिलते हैं। शहर के मुकाबले गाँवों में, आदिवासियों में, अनपढ़ समाज में ये चीजें सबसे ज्यादा प्रचलित हैं।

शहरों में इसका प्रमाण बहुत कम है, क्योंकि महिलाओं की आजादी और अभिव्यक्तियों में बहुत प्रगति हुई है। परंतु, शिक्षित समाज में अब भी थोड़ा-बहुत शोषण अवश्य होता है, विशेषकर उन महिलाओं का, जो घर-ऑफिस एवं पति की सेवा के नीचे पूरी तरह दब जाती हैं, निचोड़ी जाती हैं या ऐसी बहुओं पर ससुरालवालों का अत्याचार होता है, जिन महिलाओं को खूब पढ़ा-लिखाकर, योग्य बनाकर, शादी करवाकर ऐसे परिवार में भेज दिया जाता है, जहाँ उसका सारा व्यक्तित्व, टैलेंट, उसके सपने आधे-अधूरे रह जाते हैं या दफन हो जाते हैं। इससे घुट-घुटकर, कुंठित होकर महिलाएँ अवसाद या महामारक रोगों से ग्रसित हो जाती हैं। जब इस अवसाद या कुंठा को मेडिकल साइंस मूल कारणों को दबाकर दवाओं से लाक्षणिक उपचार करती हैं तो यह ठीक होने के बजाय पंडितों, तांत्रिकों के चंगुल में फँसकर भूत-प्रेत एवं ऊपरी हवा जैसे झंझटों में उलझा देते हैं।

इस बात को हम अच्छी तरह जानते हैं कि जैसे-जैसे हमारा भारतीय समाज शिक्षित होता जा रहा है, महिलाओं का विकास हो रहा है। वैज्ञानिक अनुसंधानों से अंधविश्वास समाप्त हो रहे हैं, साइकोलॉजिस्ट, हिप्नोटिस्ट, मानसिक उपचारकों एवं आध्यात्मिक मार्गदर्शकों की संख्या बढ़ती जा रही है, सुविधाओं व सफलताओं का विकास हो रहा है, वैसे-वैसे महिलाओं एवं पुरुषों पर भूत-प्रेत कम होते जा रहे हैं। विकसित एवं शिक्षित देशों में सबसे कम भूत-प्रेत हैं (हालाँकि भूत-प्रेत का अस्तित्व अवश्य है और उन पर शोधकार्य करनेवाले अलग तरह के अन्वेषक हैं)। मैं यहाँ उस विषय को नहीं छेड़ रहा हूँ, मैं तो सिर्फ अवचेतन मन का भूत-प्रेत से क्या संबंध है, उसी विषय को महत्त्व दे रहा हूँ।

मैं बाहर विदेशों में इस विषय पर काफी लोगों से चर्चा करता रहा हूँ। अमेरिका, यूरोप, ऑस्ट्रेलिया, स्विट्जरलैंड जैसे देशों में 'हांटेस हाउस' भुतहा घर या कोठी अवश्य जानने को मिले; परंतु वहाँ पर भारत की तरह किसी भी पुरुष या महिला पर भूत-प्रेत के आतंक या प्रकोप को नहीं सुना,

न ही देखा। समृद्ध देशों में भूत-प्रेत के प्रकोप का भी अभाव है। अविकसित एशियाई अशिक्षित, गरीब देशों में जैसे अफ्रीका, फिलिस्तीन, भारत जैसे देशों में भूत-प्रेत के प्रकोप बहुत से पाए जाते हैं।

कौन प्रभावित होते हैं भूत-प्रेत के प्रकोप से ?

जो लोग जितने ज्यादा संवेदनशील व भावुक मिजाज के होते हैं, उन्हें ही ऐसी समस्याएँ ज्यादा सताती हैं। जो लोग शारीरिक एवं मानसिक रूप से कमजोर होते हैं, उन्हें भी ऐसी समस्याएँ ज्यादा महसूस होती हैं। जिनका स्नायुतंत्र, दिमाग, आत्मविश्वास बहुत कमजोर होता है, उन्हें भी भूत-प्रेत आदि में अधिक यकीन रहता है। जो लोग निरंतर कई प्रकार के भय एवं अपराधी भाव से ग्रस्त रहते हैं, उन्हें भी अजीबो-गरीब अनुभव एवं दर्शन होते रहते हैं। जिनका आभामंडल तनाव, अतृप्ति, नाखुशी, डिप्रेशन, चिंता या बीमारी के कारण कमजोर हो जाता है, उन्हें भी आसपास की सभी नकारात्मक तरंगें बहुत प्रभावित करती हैं, जिससे उनके अंदर कई प्रकार के विविध लक्षण प्रकट हो जाते हैं, जिन्हें अंधविश्वासी और अज्ञानी लोग ऊपरी हवा, भूत-प्रेत का प्रकोप की संज्ञा देकर गलत उपचारों में उलझ जाते हैं। भूत-प्रेत जैसी लगनेवाली ये बीमारियाँ वास्तव में साइकोसिस या साइको सोमेटिक बीमारियाँ मात्र हैं, जिसका उपचार उसके मूल कारण, उसके व्यक्तिगत जीवन, परिवार, मान्यताओं, धारणाओं, खान-पान, रहन-सहन जैसी चीजों में जाकर ठीक करना होता है। तब कहीं ये भूत-प्रेत जैसे लगनेवाले लक्षण समाप्त होने लगते हैं।

अंत में, यहाँ यह भी अवश्य जोड़ना चाहूँगा कि 10 प्रतिशत लोग सचमुच भूत-प्रेत, ऊपरी हवाओं से पीड़ित होते हैं। परंतु इसके उपचार के लिए तांत्रिकों व पंडितों के पास न जाकर ऊर्जा-विज्ञान के सही रेकी विशेषज्ञों से बड़ी सरलता से मुक्त करवा सकते हैं। क्योंकि भारत जैसे देश में मुश्किल से 5 प्रतिशत सही, ईमानदार, पंडित या तांत्रिक मिलेंगे, बाकि 95 प्रतिशत भटकानेवाले, फँसानेवाले, लूटनेवाले हैं। ऐसा न समझें कि ऐसी नकारात्मक ऊर्जाओं को निकालना बहुत कठिन है। ऐसा बिल्कुल नहीं है। एक सामान्य,

अनपढ़, भोला, घरेलू व्यक्ति भी इसको बड़ी आसानी से निकाल सकता है; परंतु उसका रेकी विद्यार्थी होना आवश्यक है, क्योंकि अंततः, कैसी भी नकारात्मक ऊर्जा हो, आती है हमारे आभामंडल में ही। रेकी विशेषज्ञ आभामंडल एवं चक्रों को साफ करना जानता है। शरीर को प्राण ऊर्जा से भरकर सुरक्षा कवच में भी डालना जानता है, जिससे नकारात्मक ऊर्जा को सकारात्मक ऊर्जा से नष्ट कर सकते हैं। जिन लोगों का शरीर (स्नायुतंत्र) और आंतरिक मन पैदाइशी अति संवेदनशील होता है, उन लोगों को आसपास घूमती-फिरती व मँडराती सूक्ष्म आत्माएँ, मृत आत्माएँ एवं दिव्य मार्गदर्शक पूर्वज एक मानवीय आकारवाले धुएँ के रूप में दिखते हैं। इन्हें Clairvoyant क्लारवोएंट (यानी सूक्ष्म ऊर्जाओं को देखने और महसूस करनेवाले लोग) कहते हैं।

ध्यान, साधना, मंत्र-जाप या रेकी का प्रयोग करनेवाले साधकों का भी मन और स्नायुतंत्र इन उपर्युक्त साधनाओं से झंकृत व ऊर्जान्वित होकर एवं गहरी शिथिल अवस्था में जाकर अति संवेदनशील हो जाता है, जिसके कारण हम अपने आसपास की सूक्ष्म तरंगों, ऊर्जाओं, आत्माओं को बड़ी सहजता से अनुभव कर सकते हैं। कुछ लोगों में यह पैदा इसी कारण होता है, क्योंकि ऐसे लोग अपने कई पूर्वजन्मों से उपर्युक्त वर्णित साधनाओं के प्रयोग करने के शौकीन

होते हैं, जिसके कारण उन्हें इस जन्म में यह गुण पहले से ही मिला हुआ होता है। चाहे तो इसको और विकसित किया जा सकता है या न चाहें तो इसका उपयोग न कर शांत भी किया जा सकता है।

परंतु यहाँ पर सबसे बड़ी बात समझने की यह है कि ये अच्छी या बुरी आसपास घूमती हुई आत्माएँ हमारे साथ संपर्क नहीं कर सकतीं। ये देखती, सुनती या महसूस करती हैं। ये आपके आवाहन करने पर आपके आसपास उपस्थित हो जाती हैं, परंतु संपर्क नहीं बना सकतीं। ये अपनी उपस्थिति से या तो वातावरण को हल्का, सुगंधित या ऊर्जावान् बना देती हैं या भारी, गरम चुभता हुआ और बेचैन बना सकती हैं। ये सूक्ष्म आत्माएँ सिर्फ आपके सूक्ष्म अवस्था में प्रवेश करने पर ही सूक्ष्म जगत् में संपर्क कर सकती हैं, भौतिक अवस्था में नहीं। ये अवस्थाएँ हैं—गहन ध्यान या सुषुप्त अवस्था। जब आप ध्यान में बहुत गहरे जाने लगते हैं तो भौतिक शरीर के अत्यंत स्थिर और शिथिल होने के कारण सूक्ष्म शरीर धीरे-धीरे ऊपर उठकर सूक्ष्म जगत् में प्रवेश कर जाता है। यही अवस्था नींद की गहरी अवस्था में भी होती है। जब हमारा शरीर ऊपर उठकर सूक्ष्म जगत् में विचरण करने लग जाता है। बस यहीं, इसी जगत् में हमारे पुरखों, हमारे दिव्य मार्गदर्शक, अच्छी या बुरी आत्माएँ हमसे संपर्क कर हमें मार्गदर्शन देती हैं या डराती हैं। यही आत्माएँ हमारी अंत:प्रेरणा के स्रोत भी होते हैं। ये हमारी सीधी सुरक्षा तो नहीं कर सकते, परंतु अंत:प्रेरणा के माध्यम से आपको किसी काम को करने की या न करने की प्रेरणा देते हैं। ऐसी अच्छी दिव्य मार्गदर्शक आत्माएँ, अच्छे, शुद्ध हृदय व सात्त्विक लोगों के आसपास ही मँडराती हैं। नकारात्मक लोगों और मानसिक जीवनवाले लोगों के पास ऐसी आत्माएँ कभी नहीं फटकतीं; न उन्हें मार्गदर्शन मिलता है और न ही उन्हें अंत:प्रेरणा मिलती है।

□

28

अमीरी-गरीबी अवचेतन मन की देन

कौन बनाता है अमीर? कौन बनाता है हमें गरीब? क्या परमात्मा? क्या भाग्य? या और कोई? जी नहीं, न कोई परमात्मा और न ही कोई भाग्य। आपको अमीर या गरीब बनाता है आपका अवचेतन मन। कैसे? आइए, इसको समझें।

आपको इस पूरी पुस्तक में बार-बार यह एहसास करवा दिया गया है कि इस संसार पर परमात्मा का कोई नियंत्रण नहीं है—न चाँद-सितारों पर और न ही आपके जीवन पर। वह तो नियम (कानून) बनाकर हमेशा के लिए सो गया। संसार में परमात्मा नहीं नियम काम कर रहे हैं। नियम को जानकर, अपनाकर कोई चाहे असीम धन-संपदा में जी जाए या कंगाल बनकर फुटपाथ पर रगड़-रगड़कर मर जाए, ईश्वर कहीं बीच में नहीं है। मानव चाहे दीवारों से सिर फोड़ता रहे या मस्ती में झूमता-नाचता रहे, ईश्वर को कोई फर्क नहीं पड़ता। चुनाव हमने किया है—जाने-अनजाने या होश-बेहोशी में। इसी का प्रतिफल है भाग्य। भाग्य यानी अब तक आपने जो कमाया, पल-प्रतिपल आप जो चुनाव करते हैं या निर्णय लेते हैं, जो विचार पैदा करते हैं, आज आप उसी कार्य (कारण) के प्रतिफल हैं। आप अपने स्वयं के कमाए हुए संस्कारों के अनुरूप ऐसे परिवार देश (ईश्वर के दिए हुए नहीं) या वातावरण में पैदा होते हैं, जो गरीब या अमीर होते हैं। इसका निर्णय ईश्वर नहीं, आप करते हैं। आप पिछले जन्मों से जो धारणाएँ, मान्यताएँ एवं विचार अवचेतन मन

को संस्कार के रूप में जाने-अनजाने, होश या बेहोशी में देते आए हैं, वही संस्कार, फल आप साथ में लाए हैं। अब इस जन्म में आप अपने पूर्वजन्म के संस्कारों से घिरे रहकर या चिपके रहकर अंधा जीवन जीते चले जाते हैं तो आपका जीवन भविष्य में अपने आप वैसा ही बनता चला जाता है। अगर आप होश में आकर पुराने जड़ संस्कारों से मुक्त होकर नए निर्णय, नए विचार, नया माइंड सेट या विकसित करते हैं अपनी इच्छा-शक्ति और कल्पना-शक्ति के माध्यम से तो आप धीरे-धीरे पुराने संस्कारों से बाहर निकलकर भविष्य में नए संस्कारों के फल प्राप्त करने की ओर बढ़ने लगते हैं। यह ऐसा ही खेल है जैसे कोई छोटा सा निर्णय लेकर धूप में जलने के बजाय पेड़ की छाँव को चुन लेता है या नदी में छलाँग लगाकर ठंडे पानी के मजे लेता है। जिस तरह इसमें ईश्वर या भाग्य का कोई लेना-देना नहीं होता, निर्णय आपका होता है, चुनाव आपका होता है। हाँ, आप भय, लालच, अहंकार, अड़ियलपन या मोहवश धूप से निकलने को तैयार नहीं हैं तो यह आपका अपना चुनाव है या निर्णय है। ईश्वर, भाग्य का कोई लेना-देना नहीं है। इसी तरह हम पल-प्रतिपल अपने चुनाव, निर्णय एवं विचारों के अनुरूप बनते या बिगड़ते चले जाते हैं। आपको बनाने या बिगाड़ने में, अमीर या गरीब बनाने में किसी को कोई रुचि नहीं है। तुम अमीर बनना चाहते हो तो बन जाओ अमीर। अगर तुम गरीबी में जीना चाहते हो तो रह जाओ गरीब। कोई नहीं रोक रहा है, सिवाय तुम्हारे। हाँ, तुम्हीं अमीर बनने के सबसे बड़े

बाधक हो। तुम सोचते जरूर हो कि मेरे पास भी पैसे आ जाएँ। मैं भी अमीर बन जाऊँ। परंतु यह चाहना ऊपरी है, अंदर से अवचेतन मन से तो तुमने गरीब बने रहने की पूरी सुविधाएँ जुटा रखी हैं। तुम जीवन भर अमीर बनने के सपने जरूर देखते हो, हर कोई देखता है; परंतु तुम्हारे अवचेतन मन में भरे हुए पूर्वजन्म के संस्कार, इस जन्म के संस्कार, धारणाएँ, मान्यताएँ, जड़ आदर्श, अंधविश्वास की बेड़ियाँ तुम्हें एक सीमा तक ही आगे बढ़ने देती हैं या नहीं बढ़ने देती हैं।

आप अमीर बनने की इच्छा और सपनों से भरी नाव को समृद्धि के सागर में डालते जरूर हैं, रात-दिन मेहनत कर कठोर परिश्रम के चप्पू से खूब खेते भी जरूर हैं—इस अँधेरी आशा में कि आज नहीं तो कल समृद्धि के द्वीप पर जरूर पहुँच जाएँगे; परंतु आपका सारा जीवन निकल जाता है और कहीं नहीं पहुँच पाते हैं; क्योंकि आपने अनेक एंकर रूपी (Anchor) धारणाएँ, मान्यताएँ, आदर्श—अंधविश्वास के, दूसरों के प्रभाव के, पूर्वजन्म के संस्कारों के किनारों पर मजबूती से बाँध रखे हैं, जो आप खोलते भी नहीं, तोड़ते भी नहीं; परंतु इच्छा और सपनों की नाव को दूर नजर आ रहे समृद्धि के द्वीप की तरफ मुँह करके खेते रहते हो। थोड़ी नाव हिलती है या ढीली होती है या दो कदम भी चल पड़ती है तो आपको लगता है कि बस, पहुँच ही जाएँगे, बढ़ ही रहे होंगे। इस तरह अंत में निराश होकर हम ये कहावतें और ज्यादा मजबूत कर देते हैं कि—

- भाग्य में लिखा होगा तो मिलेगा।
- होएगा वही, जो राम रचि राखा।
- ईश्वर की कृपा होनी चाहिए।
- समय और भाग्य से पहले कुछ नहीं मिलता।
- समय, परिस्थिति, समाज, परिवार, रिश्तेदार या दोस्त खराब हैं। उन्होंने साथ नहीं दिया।
- हम तो सादा जीवन उच्च विचार में विश्वास रखते हैं, धन को ज्यादा महत्त्व नहीं देते।
- पैसा सारे दुःखों की जड़ है।

- सबका भाग्य एक जैसा नहीं होता इत्यादि-इत्यादि।

आज हम गरीब हैं तो अवचेतन मन के कारण, अमीर हैं तो अवचेतन मन के कारण। हमें अमीर बनने के लिए अपनी पुरानी जड़ धारणाएँ, संस्कार, मान्यताओं, माइंडसेट के चंगुल से मुक्त होकर एक नए सकारात्मक माइंडसेट के साथ जुड़ना पड़ता है। इसलिए, अमीरी की ओर कदम बढ़ाने से पहले अत्यंत आवश्यक है अवचेतन मन में बँधी हुई अपनी नकारात्मक बाधाओं को पहचानना और उन्हें खोलकर उनसे मुक्त होना। धन के बारे में आपकी अज्ञानता, अंधविश्वास एवं भ्रमों से मुक्त होना, अमीर बनने के प्राकृतिक स्वाभाविक नियमों से परिचित होना। अनंत समृद्धि या अमीरी एक ठोस, अटल विज्ञान है। जिस तरह आज विज्ञान का कोई भी सामान्य-से-सामान्य व्यक्ति आसानी से उपयोग कर सकता है (टी.वी., कंप्यूटर, मोबाइल इत्यादि), उसी तरह धन का विज्ञान अपनाकर हर सामान्य आदमी समृद्धि की अनंत ऊँचाइयों को छू सकता है। उसे संसार की कोई ताकत रोक नहीं सकती।

हमें बचपन से ही जिस (गरीब, अमीर) वातावरण, परिस्थितियाँ, परिवार, दोस्त, संबंधी, शिक्षकों, गुरुओं अथवा देश में जीते हैं, वैसे ही हमारा माइंड बनता चला जाता है। अगर गरीब परिवार में जी रहे हैं तो आप निश्चित रूप से इन विचारों में पलते हैं कि—

- पैसे पेड़ों पर नहीं लटकते, आसमान से नहीं टपकते।
- धन कमाने के लिए बहुत मेहनत करनी पड़ती है। धन आसानी से नहीं कमाया जा सकता।
- हम तो पैदाइशी बदनसीब हैं, गरीब हैं। हम पर भगवान् की कम कृपा है।
- जितनी चादर उतना ही पाँव पसारना चाहिए।
- कम-से-कम खर्चे में जीने की आदत डालो। लक्जरी, सुविधा-संपन्न जीवन विलासिता है, पाप है, अधर्म है।
- दूसरे लोगों को खाना तक नहीं मिल रहा है। हम कैसे पैसे कमाएँ और क्यों सुविधाओं में जिएँ।
- संतोषं परम धर्म; जितना है उतने में ही जिओ।

- अपनी आवश्यकताएँ मत बढ़ाओ।
- हम जैसे लोग इस ऊँचाई को नहीं छू सकते।
- हमारे माता-पिता ने हमें सुविधाएँ नहीं दीं या सहयोग नहीं दिया; दोस्तों ने दगा दिया या हतोत्साहित किया।
- हम अपनी सीमा से बाहर न जाते हैं, न सपने देखते हैं।
- धन दुःख व तनाव की महान् जड़ है।
- धन कमानेवाले बेरहमी, बेईमानी एवं चालाकी से पैसा कमाते हैं। हम रात-दिन मजदूरों की तरह जूझकर पैसा कमाते हैं।
- हम पैसे के पीछे नहीं भागते, धन हमारे लिए ज्यादा महत्त्वपूर्ण नहीं है।
- भगवान् दाल-रोटी दे रहा है; न ज्यादा आशा, न ज्यादा दुःख।
- मूर्ख लोग महँगा शौक रखते हैं।
- क्या करेंगे इतना धन कमाकर, सबकुछ तो यहीं छोड़ जाना है। धन साथ थोड़े ही आएगा।
- सादा जीवन उच्च विचार; हमने पैसा नहीं, इज्जत कमाई है।

इस तरह सैकड़ों तरह की आपकी मान्यताएँ, आपके माइंड सेट दिखने में अवश्य बड़े ऊँचे, आध्यात्मिक, सात्त्विक, तर्कसंगत, व्यावहारिक लगते हैं; लेकिन सच पूछा जाए तो ये सारे उपर्युक्त विचार 'गरीब बने रहने के श्रेष्ठ नियम हैं' अमीरी और संपन्नता से बचने के श्रेष्ठ उपाय हैं। यही उपर्युक्त विचार भारत की बरबादी की जड़ है। भारत के आज तक अविकसित और संपन्न न होने का कारण हैं। इतने श्रेष्ठतम (घातक ही कहें) मान्यताओं के कारण ही आज हम पिछड़े देशों में गिने जाते हैं। हम जो दम भरते हैं कि हमारे पास बड़ी-बड़ी आध्यात्मिक शक्तियाँ हैं, चमत्कारिक यंत्र-तंत्र-मंत्र हैं, बड़ी-बड़ी दुनिया को पलट देनेवाली तांत्रिक शक्तियाँ हैं। हमारे महात्मा चाहें तो आसमान से धन बरसा दें।

कहाँ हैं इन महान् ऋषि-मुनियों, महात्मा और तांत्रिकों की चमत्कारिक शक्तियाँ? क्यों हम ऐसे खतरनाक भ्रमों में आज तक सदियों से जिए जा रहे हैं और कब तक ऐसे ही जीते रहेंगे? आज तक हम वहीं रुके हुए हैं। कब

जागेंगे? हमारी यही विचारधारा हमारी मानसिकता पर हावी रही तो भारत को और भारतीय आदमी को संपन्न होने में कई सदियाँ बीत जाएँगी। वैसे भी, गुलामी में और निर्धनता में कई सदियाँ बीत चुकी हैं।

उपर्युक्त वर्णित विचारधारा हमारे अवचेतन मन में घर कर चुकी है। ऐसी विचारधाराओं से संसार का कोई मानव संपन्न नहीं हो सकता; क्योंकि ये सारी विचारधाराएँ आपके 'एंकर' हैं, आपके बंधन हैं, आपकी नाव को समृद्धि के द्वीप की तरफ कभी जाने नहीं देंगी। अब तो हमें सँभलकर, जागकर एक नया सकारात्मक माइंड सेट अवचेतन मन को देना पड़ेगा। तभी हर व्यक्ति संपन्न होने के अपने जन्मसिद्ध अधिकार को प्राप्त कर सकता है और ऐसा संभव है प्रकृति के नियम के अंतर्गत। धन कमानेवालों पर परमात्मा कोई विशेष कृपा नहीं करता, बल्कि धन कमानेवाले अपने आप पर कृपा करते हैं; अपनी संकीर्ण, पुरानी अंध मान्यताओं की बेड़ियाँ तोड़कर नई इच्छाएँ, नए सपने देखते हैं। ईश्वर कोई पक्षपात या भेदभाव करनेवाला संकीर्ण व्यक्तित्व नहीं है, जो अमेरिका, यूरोप, अरब जैसे देशों को छप्पर फाड़कर धन देता है; हमसे 100 साल आगे की वैज्ञानिक तकनीक की सुविधाएँ व संपन्नता देता है और भारत, अफ्रीका या एशियाई देशों पर कम मेहरबानी करता है।

आप अपने अवचेतन मन को क्या सही या गलत विश्वास देते हैं, वैसा ही आपका जीवन बन जाता है। हमारा जीवन हमारे इन्हीं विश्वासों का प्रतिफल है—चाहे सफल या असफल, गरीब या अमीर, दुःखी या सुखी।

धन कमाने के बड़े सीधे-सादे नियम हैं—

1. धन के बारे में सही-गलत मान्यताओं, विचारधाराओं को पहचानें और उसकी सीमाओं को तोड़कर बाहर निकलें, इस विश्वास के साथ कि हम जितना चाहे करोड़पति बन सकते हैं, समृद्धियों की ऊँचाइयों को छू सकते हैं।
2. हर व्यक्ति में विशेष कला, गुण या आकर्षण होता है। अपने स्वभाव को पहचानें कि ईश्वर ने आपको किस काम के लिए पैदा किया है। आपका वास्तविक आंतरिक आकर्षण किस विषय की ओर अधिक रहता है, जो आपको सहज बाएँ हाथ का खेल लगता है, जिससे दूसरे

लोगों की तरह ज्यादा मेहनत या माथा-पच्ची नहीं करनी पड़ती। अपने इस स्वभाव और धर्म को पहचानें। इसी क्षेत्र में आप सर्वश्रेष्ठ ऊँचाइयों को छू सकते हैं।

'स्वधर्म निधनं श्रेय, परधर्म भयावह' ऐसा 'गीता' में कृष्ण कहते हैं कि अपने धर्म स्वभाव में जीना; दूसरों के धर्म को स्वभाव को, चाल को मत अपनाना। कहावत है न कि 'कौआ चला हंस की चाल, आखिर भूला अपनी चाल'।

अधिकतर हर बच्चे को बचपन से ही माँ-बाप अपनी इच्छाओं और सपनों के अनुसार ढाल रहे होते हैं कि मेरा बेटा डॉक्टर बने, इंजीनियर बने या मेरा पेशा ही अपनाए, अपना खानदानी व्यापार ही सँभाले। जिसमें अधिक पैसा है, सिर्फ उसी प्रोफेशन में जाएँ या आपकी सामाजिक मजबूरियों और अच्छे घर में ब्याहने के लिए फलानी पढ़ाई तक जरूर जाएँ। किसी तरह सरकारी नौकरी मिल जाए, जिससे हम जीवन भर सुरक्षित हो जाएँ। ये किसी भी युवा को नष्ट करने के विशेष उपाय हैं।

हमने अपने बच्चों से कहा कि तुम बने-बनाए हो। हमें नहीं मालूम कि तुम्हें क्या बनना है। तुम स्वयं अपने स्वभाव, गुण, धर्म, आकर्षण को पहचानो और उस ज्ञान में डूब जाओ। उसमें जो भी करो, मास्टर बनो। तुम्हारे आगे कोई न रहे, ऐसी विशेषता हासिल करो। हमारे विचार, मान्यताएँ, सपने तुम पर थोपेंगे तो तुम्हें नष्ट कर देंगे। हम अपने स्वभाव में जी रहे हैं, तुम अपने स्वभाव में जिओ। हमारी या दूसरों की कभी कॉपी मत करना। कभी किसी की फोटो कॉपी मत बनना। उनसे प्रेरणा लेकर अपनी सुगंध में खिलना। परंतु अधिकतर माँ-बाप, समाज, दोस्त-मित्र, गुरु, परिचित गुलाब के फूल को कमल का फूल बनाना चाहते हैं, आम के पेड़ को संतरे का पेड़ बनाना चाहते हैं।

3. संसार का हर व्यक्ति हर क्षेत्र में एक ईमानदार परफेक्ट एक्सपर्ट को ढूँढ़ रहा होता है। चाहे डॉक्टर हो, इंजीनियर हो या मेकैनिक हो या वकील हो, आप अच्छे विशेषज्ञ बन जाएँ, आपको लोग ढूँढ़ ही लेंगे।
4. खूब इच्छाएँ करें, खूब सपने देखें, संतोष से बचें। नित नई रचनाओं

में डूबे रहें, नए मार्ग ढूँढ़ें।

5. जीवन में समृद्धि आसमान से अपने आप नहीं टपकती। आपको इच्छाएँ, सपने, विश्वास, श्रद्धा, तड़प, आग, प्राण दाँव पर लगाकर अचेतन मन के माध्यम से प्रचुर ब्रह्मांड में ये तरंगें फेंकनी पड़ेंगी; जो जीवन में नहीं है, उसकी ऊर्जाएँ निर्मित करनी पड़ेंगी। जब हम पहले अपने भीतर से एक विशेष भाव के चुंबक बनते हैं, तब ब्रह्मांड से उन्हीं विशेष तरंगों को (law of attraction) आकर्षण के नियमों के अनुसार अपने जीवन में फलीभूत कर सकते हैं, चुंबक की तरह आकर्षित कर सकते हैं। क्या यह अफसोसजनक बात नहीं है कि संसार की अधिकतर दौलत सिर्फ 2 प्रतिशत लोगों के पास है?

क्या यह प्रेरणा योग्य बात नहीं है कि संसार के अधिकतम अमीर, चाहे वे फोर्ड हों, अंबानी हों, बिल गेट हों, लक्ष्मी मित्तल हों—जमीन से उठे हुए लोग हैं। अगर आपने अवचेतन मन के विज्ञान एवं प्रकृति के नियमों को अच्छी तरह समझ लिया तो संसार की कोई भी ताकत आपको अमीर या समृद्ध होने से नहीं रोक सकती।

हमसे ज्यादा ईश्वर ने हमारा किया विचार है।
खूब लुटाने बैठा वो, लूट लो जो तैयार है॥

गरीबी के नियम हैं तो अमीरी के भी नियम हैं। आप जाने-अनजाने क्या नियम अपनाते हैं, ठीक उसी के अनुसार अमीर-गरीब बन जाते हैं। भाग्य, संयोग, चमत्कार, परमात्मा की मरजी जैसे शब्द अज्ञानी, आलसी, कमजोर, डरपोक लोग इस्तेमाल करते हैं।

□

29

पूर्ण समर्पण में अवचेतन मन का योगदान

अध्यात्म की अंतिम ऊँचाइयों पर पहुँचने के दो ही मार्ग हैं—संकल्प और समर्पण। संकल्प बुद्धि, विज्ञान, तर्क, विश्लेषण का मार्ग है। समर्पण—भावना, भक्ति, श्रद्धा, अटूट विश्वास का मार्ग है। संकल्प—बुद्ध, महावीर, कृष्ण, नानक, पतंजलि का मार्ग है। समर्पण—मीरा, चैतन्य का मार्ग है। संकल्प में चेतन मन एवं अहंकार ज्यादा सक्रिय रहते हैं और एवरेस्ट पर पहुँचने तक अहंकार साथ में चलता है। शुरुआत में, ठोस रूप में ऊपर पहुँचते-पहुँचते सूक्ष्म रूप में, एवरेस्ट पर पहुँचते ही बचा-खुचा चेतन मन, सूक्ष्म अहंकार भी क्षीण हो जाता है, गिर जाता है। संकल्प कदम-दर-कदम मेहनत का काम है। इस जन्म में पूर्णता हासिल नहीं हुई तो अगला जन्म भी लेना पड़ सकता है। इसमें अवचेतन मन का योगदान बहुत सीमित है। अवचेतन मन सिर्फ चेतन मन की दृढता, विश्वास एवं संकल्प शक्ति से प्रभावित होकर उसी प्रकार के लोग संयोग परिस्थितियों एवं तरंगों से संपर्क करवाता रहता है, जिससे साधक गतिमान बना रहता है। संकल्प में शिखर पर पहुँच जाने का भ्रम भी पैदा हो सकता है, रास्ते में ही अटक भी सकता है; परंतु ठीक इसके विपरीत समर्पण, भाववादी अपने आपको (यानी अपने अहं, बुद्धि, तर्क, विश्लेषण) पूरी तरह से मुक्त कर पूर्ण अटूट श्रद्धा के साथ टँग जाता है अपने ईश्वर या गुरु पर। परंतु समर्पण जितना आसान दिखता है, उतना आसान नहीं होता है।

इसमें भी बहुत भ्रम होते हैं। कई समर्पणवादियों को अकसर यह भ्रम हो जाता है कि हम तो पूर्ण समर्पित हैं, परंतु रोग-कष्ट, बाधाएँ एवं मृत्यु जैसी हिला देनेवाली गंभीर समस्याएँ सामने आती हैं; तब उसी समय हम खूब चिंता, तनाव, प्रतिक्रियाएँ, अवसाद, क्रोध महसूस करते हैं तो समझ लेना कि समर्पण ऊपरी-ऊपरी था, चेतन मन तक ही सीमित था, अवचेतन मन तक नहीं पहुँचा था। इसीलिए, कष्ट आने पर हम अपनी वास्तविक स्थिति में पहुँच जाते हैं, सच्चाई के धरातल पर आ जाते हैं। दुःख-कष्ट, रोग जैसी घटनाएँ ही हमारे भ्रम के शीशे को तोड़ती हैं। सच्चे समर्पणवादी के लिए सबकुछ उसका, दुःख भी उसका, सुख भी उसका, जीवन भी उसका, मृत्यु भी उसकी, सोचने को, तर्क करने को, बुद्धि लड़ाने को, विश्लेषण करने को, प्रतिक्रियाएँ करने को चेतन मन रखा ही नहीं है। चिंता, तनाव, भयग्रस्त या दुःखी होने के लिए अहंकार (स्व) को बचाकर ही नहीं रखा है। टाँगें अब जमीन पर ही नहीं हैं। टाँग दिया है अपने आपको पूरी तरह ईश्वर या गुरु की खूँटी पर। बस, अब बच गया है तो वह है आसमान, यानी आपका अवचेतन मन। जैसे ही हम समर्पण भाव में आ जाते हैं, चेतन मन गौण हो जाता है। अवचेतन मन को यहाँ गहरा विश्वास एवं तरंगें प्राप्त होती हैं कि मैं कुछ नहीं, सबकुछ 'वह'। वह हर पल मेरे साथ है। मैं उसकी गोद में पूर्ण सुरक्षित हूँ। तारे या मारे कोई फर्क नहीं पड़ता। अवचेतन मन को मिलनेवाली यह प्रोग्रामिंग आपके संपूर्ण व्यक्तित्व को ऐसा ही बना देती है। तकलीफें, कष्ट आने पर न वह भयभीत होने देता है, न

तनाव या चिंताग्रस्त बनने देता है, जिससे हम हर अवस्था में समतावान्, स्थितप्रज्ञ, आनंदित एवं निष्प्रतिक्रिय रहते हैं। हम एक बहाव में जी रहे होते हैं। अवचेतन मन भी ऐसे ही भावों से प्रभावित होकर आपकी सुरक्षा करता रहता है, जहाँ जाते ही आपकी सकारात्मक आभामंडल एवं तरंगों से जगह, व्यक्ति, परिस्थितियों को सकारात्मक ऊर्जाओं को आकर्षित करता है, जिनके प्रबल भाव आपके रोम-रोम, कण-कण में समाहित होते हैं। ऐसे लोगों के लिए विष के प्याले अमृत हो जाते हैं, भीषण गरमी शीतलता की छाँव बन जाती है और कड़ाके की ठंड माँ की गोद की गरमाहट बन जाती है।

जितना ही निष्काम कर्मयोगी अपने कर्म कर फल ईश्वर, ब्रह्मांड, अवचेतन मन पर छोड़ता चला जाता है, अवचेतन मन ठीक आपके डाले गए बीज के अनुसार अपने आप निर्विरोध, श्रेष्ठ, सकारात्मक फल लाए चला जाता है; क्योंकि आपके चेतन मन में भय, शंकाएँ, नकारात्मक विचार, अहंकार, लालच, दुर्भावनाएँ जैसी तरंगें नहीं होतीं। इसलिए अवचेतन मन को केवल शिथिल, श्रद्धावाली, समर्पणवाली, सकारात्मक विचारों की तरंगों को ही प्रभाव मिलता है, जिससे ऐसे निष्काम कर्मयोगियों को सिवाय सकारात्मक फल के और कोई फल नहीं मिलता।

संकल्प मार्ग पर चलनेवाले की जागरूकता का दायरा जैसे-जैसे बढ़ने

लगता है, वैसे-वैसे अवचेतन मन का अस्तित्व गिरने लगता है। संकल्प मार्गवाले के लिए चेतन मन का भेद ही गिर जाता है। सिर्फ बच जाता है साक्षी देखनेवाला आत्मतत्त्व। ऐसे लोगों के अवचेतन मन का विकास ही नहीं होता, न कोई आदत बनती है, न कोई व्यक्तित्व, न कोई भावनात्मक दमन, न कोई दोहरापन। प्रतिक्रिया-विहीन होने के कारण अवचेतन मन में नए संस्कार ही निर्मित नहीं होते। आदमी जितना अधिक बेहोशी में जीता है, उतना ही अवचेतन मन विस्तृत होता जाता है, आदतें जड़ होती हैं, प्रतिक्रियाएँ स्वतः घटित होती रहती हैं, जिस पर उसका अपना कोई नियंत्रण नहीं होता। चेतन और अवचेतन मन का अलग-अलग अस्तित्व निर्मित होकर दूरियाँ बढ़ती चली जाती हैं, जिससे दोनों पर हम अनियंत्रित रहते हैं। जितना चेतन और अवचेतन मन का विकास होता चला जाता है, ध्यान (संकल्प-समर्पण) की आवश्यकता उतनी ही बढ़ती चली जाती है; क्योंकि इन दोनों को नियंत्रित या क्षीण करने का एक ही उपाय है—ध्यान (संकल्प एवं समर्पण), जिसके कारण चेतन-अवचेतन मन की बीच की दीवार पूरी तरह गिर जाती है और बच जाता है तो सिर्फ 'शुद्ध चैतन्य'।

□

30

अवचेतन मन के कारण ही काम करते हैं सारे प्रतीक

मानव मस्तिष्क लंबी-चौड़ी भाषा के बजाय प्रतीक (Symbol) से ज्यादा और शीघ्र प्रभावित होता है, इसलिए सदियों से बड़ी-से-बड़ी बातों को, शक्तियों को, विचारों को पेश करने के लिए प्रतीकों का माध्यम चुना गया। पुरानी सभ्यताओं से लेकर आधुनिक सभ्यता सिंबल के माध्यम से काम करती है या ऐसा कह सकते हैं कि यह मानव मस्तिष्क की आवश्यकता है। विज्ञान हो या धर्म, सिंबल का सभी भरपूर प्रयोग करते हैं। मैं यहाँ पर देश, कंपनी या किसी उत्पाद के सिंबल की चर्चा न कर उस सिंबल की चर्चा करूँगा, जो धर्म या गृहस्थ के यंत्र, तंत्र विज्ञान में उपयोग होते हैं।

सिंबल चाहे किसी देश, कंपनी या उत्पाद का हो, अवचेतन मन की कंडीशनिंग करता है, इसलिए फलाना कंपनी या फलाना उत्पाद देखते ही आप तुरंत समझ जाते हैं।

कैसे प्रभावित करते हैं सिंबल

सिंबल बनाने के दो ही मुख्य उद्देश्य हैं—या तो हम ब्रह्मांड की अलग-अलग तरह की ऊर्जाओं को छोटे प्रतीक के रूप में बनाते हैं या अपने ही भावों को अभिव्यक्त करने के लिए सिंबल का माध्यम चुनते हैं। जैसे हम भारत में स्वास्तिक बनाते हैं और साथ में लिखते हैं 'शुभ-लाभ'।

किसी ने आपको पहली बार स्वास्तिक का परिचय करवाया होगा कि यह मंगलकारक, पवित्र ईश्वरीय प्रतीक है। आपने सहर्ष स्वीकार कर लिया, चुपचाप। अब जब भी आप स्वास्तिक को देखेंगे तो आपके भीतर तुरंत पवित्रता के, मंगल के भाव पैदा हो जाएँगे। इसका अर्थ यह हुआ कि सिंबल अवचेतन मन में प्रभावित करता है। जब आप तर्क-बुद्धि, चेतन मन को बीच में न लाकर श्रद्धावश या फालतू की माथापच्ची न कर स्वीकार कर लेते हैं, आपके उस प्रतीक के देखते ही तुरंत वो ही सिंबल संबंधी भाव पैदा हो जाते हैं। यानी कि सिंबल अवचेतन मन में कंडीशनिंग करते हैं और जब आप उस प्रतीक को देखते हैं, तुरंत आपके अंदर वे ही विशेष भाव (इंटेंशन) पैदा हो जाते हैं। इसका अर्थ यह हुआ कि सिंबल विशेष भाव पैदा करने के कारण हैं और जैसे ही हम विशेष भाव पैदा करते हैं, वही भाव या (इंटेंशन) ऊर्जा निर्मित करते हैं। तो ऊर्जा का मूल या स्रोत ही सिंबल है। रेडक्रॉस के बारे में आपको बताया गया कि ये डॉक्टर है। आपने चुपचाप स्वीकार कर लिया। अब जब भी रेडक्रॉस देखोगे, जो स्वास्तिक का आधा है, तो आपके अंदर मंगल के भाव न पैदा होकर डॉक्टर के भाव पैदा होंगे और यह एक क्षण में घट जाता

है। स्वास्तिक देखा तो तुरंत मंगल का भाव आया, रेडक्रॉस देखते ही भाव बदल गया और डॉक्टर का भाव आ गया। इसका अर्थ यह हुआ कि सिंबल मन की भाषा है और इसके कारण हमारे अंदर कंडीशनिंग होती है और जब भी हम उस विशेष सिंबल को देखते हैं, हमारे अंदर एक विशेष भाव निर्मित होता है और विशेष भाव विशेष ऊर्जा निर्मित करते हैं। इसलिए सिंबल अत्यंत आवश्यक होते हैं। भारत का झंडा देखेंगे तो भारत का भाव आएगा; अमेरिका का देखेंगे तो अमेरिका का भाव आएगा। परंतु यह अब हमारी स्वीकृति के ऊपर निर्भर है। विदेशी लोगों के लिए या मुसलमानों के लिए स्वास्तिक कोई मंगल का या पवित्रता या आध्यात्मिक भाव नहीं पैदा करता; बल्कि इसके विपरीत हो सकता है, किसी और धर्म का होने के कारण एक तिरस्कार या नफरत का भाव पैदा कर दे। किसी सिंबल में, चाहे वह दुनिया का कोई बड़ा-से-बड़ा रहस्यमय प्राचीन यंत्र क्यों न हो, उसमें अपनी कोई ताकत नहीं होती, कोई रहस्यमय शक्तियाँ नहीं होतीं। हम जितना गहराई से, श्रद्धा से, विश्वास से किसी सिंबल को स्वीकार करते हैं, उतनी ही प्रबल विशेष प्रकार की ऊर्जा का निर्माण होता है। हिंदू के अवचेतन मन में स्वास्तिक को देखते ही विशेष मंगल के भाव पैदा हो जाते हैं और मुसलमान या ईसाई उसे तर्कबुद्धि एवं अन्य धार्मिक कंडीशनिंग के कारण स्वीकार नहीं करते। इसलिए इन लोगों के लिए स्वास्तिक को देखकर न कोई विशेष भाव पैदा होता है और न ही विशेष ऊर्जा। इसलिए ऊर्जा का उद्भव हमारी स्वीकृति या आस्था है।

भारत-तिब्बत या विश्व भर में अलग-अलग तरह के देवी-देवता, रहस्यमय लगनेवाले यंत्र, चाहे वह श्रीयंत्र हो या मंडला या अजीबो-गरीब तावीज और उसमें लिखे गए यंत्र या बनाए गए चित्र रूपी यंत्र—इन सभी में अपनी कोई शक्ति नहीं होती। हम इन्हें स्वीकार कर शक्ति निर्मित करते हैं।

यंत्र—यंत्र यानी एक ज्यामितीय आकार या डिजाइन, जिसके द्वारा हम अपने भावों को प्रकृति की शक्तियों या ऊर्जाओं को एक विशेष चित्र या रेखाओं द्वारा उनकी गति को अभिव्यक्त करते हैं। वे सभी चित्र, रेखाएँ या प्रतीक (सिंबल) यंत्र कहलाते हैं।

भारत में एवं विश्व भर में जितने सिंबल (प्रतीक), रेखाचित्र, प्रतिमाएँ,

ज्यामितीय डिजाइन, मंडला, देवी-देवताओं की हम तसवीरें देखते हैं, वे सभी यंत्र के अंतर्गत आते हैं। भारत में हम स्वास्तिक बनाते हैं, जिसे 'मांगलिक' कहते हैं। स्वास्तिक यानी मंगल-प्रदाता, जिसमें (धन) + (प्लस) बनाकर उसपर क्लॉकवाइज चार लाइनें जोड़ देते हैं। फिर उसके अगल-बगल में अपने भाव लिख देते हैं—शुभ एवं लाभ। इसका अर्थ है कि हमारे घर में शुभ और लाभ निरंतर जुड़ता रहे, वृद्धि करता रहे और क्लॉकवाइज, जिसका अर्थ है कि यह शुभ-लाभ चारों दिशाओं से निरंतर भविष्य में चलता रहे। क्लॉकवाइज गति आगे की और भविष्य की ओर निरंतर प्रवाह को इंगित करती है। अब स्वास्तिक कैसे मंगल करेगा? इसके बनाने से कैसे मंगल हो जाएगा? मंगल अवश्य होता है, अगर हम अपनी सशक्त भावनाओं द्वारा चित्र बनाकर कामना करते हैं। तब एक विशेष प्रकार की कामना की तरंगें निर्मित करते हैं। स्वास्तिक तो हमारे भावों को प्रकट करने का एक माध्यम है। स्वास्तिक में अपनी कोई शक्ति नहीं होती। हम अपने भावों द्वारा उसको शक्ति देते हैं। भावनाएँ तरंगें निर्मित करती हैं। कमजोर भावनाएँ कमजोर तरंगें निर्मित करती हैं और प्रबल भावनाएँ प्रबल तरंगें। अगर स्वास्तिक बनाने से ही शुभ और लाभ हो जाता तो थोक व्यापारी, जिसके गोदाम में लाखों स्वास्तिक प्रतीक के चित्र पड़े होते हैं, वह विश्व का सबसे समृद्धिशाली व्यक्ति होता। इसी तरह स्वास्तिक बेचनेवाला फुटकर विक्रेता भी, जो फुटपाथ पर बैठा है, वह फुटपाथ पर न बैठा होता।

प्रतीक (यंत्र) के कारण ही हमारे भाव प्रबल होते हैं। एक शुभ-लाभ की कामना बगैर स्वास्तिक के करे और एक स्वास्तिक बनाते हुए करे, स्वास्तिक बनाने में आपकी भावना ज्यादा सशक्त होगी—स्वास्तिक नहीं बनाने के मुकाबले में। इसलिए हर प्रतीक भाव को सशक्त करने के लिए

अत्यंत आवश्यक माध्यम है। कोई भी प्रतीक हमारे अवचेतन मन में एक बार बैठ जाता है। उस प्रतीक को देखते ही हमारे चेतन मन में तुरंत वो ही भाव प्रकट हो जाते हैं। एक बार आपके दिमाग में यह प्रोग्रामिंग हो गई कि स्वास्तिक यानी 'मंगलकारी ऊर्जा का प्रतीक' एक पवित्र प्रतीक। अब आप जैसे ही कहीं पर स्वास्तिक का प्रतीक (चित्र) देखेंगे, तुरंत आपके भाव भी पवित्र हो जाएँगे। अब इसी स्वास्तिक में से चार लाइनें गायब कर सिर्फ प्लस (+) या रेडक्रॉस रहने दें तो अब रेडक्रॉस देखते ही आपके भाव और प्रतिक्रिया बदल जाएगी। आप तुरंत कह उठेंगे—डॉक्टर या अस्पताल, क्योंकि आपके मन को यह एक बार समझ दे दी गई है कि रेडक्रॉस यानी डॉक्टर तो अब आप रेडक्रॉस को देखते ही वही भाव की तरंगें निर्मित करेंगे। एक तरफ रेडक्रॉस का प्रतीक रख दें और एक तरफ स्वास्तिक अब आप एक तरफ मुँह करके स्वास्तिक देखें। आपके भाव मंगल के होंगे और जैसे ही आप अपने दूसरी तरफ रेडक्रॉस को देखेंगे। आपका भाव एक सेकंड में बदल जाएगा। इसलिए प्रतीक का बहुत जबरदस्त महत्त्व है, क्योंकि यह हमारे अचेतन मन की भाषा है। इसी कारण संसार में इतने प्रतीकों का निर्माण होता है।

अब यही स्वास्तिक जर्मनीवालों को जाकर बता दें (जिसको हिटलर ने कभी इसके उलटे स्वरूप का प्रयोग किया था), लोग आपको घृणा की दृष्टि से देखेंगे; क्योंकि यह एक तानाशाह, अत्याचारी व हिंसक व्यक्ति का प्रतीक रहा है या इसको देखकर कम-से-कम मंगल कामना का भाव तो नहीं लेकर आएँगे। इसका अर्थ है कि किसी भी प्रतीक में अपनी शक्ति नहीं होती। आपको उसके बारे में क्या भाव आपके दिमाग में संप्रेषित (प्रोग्रामिंग) किए जाते हैं, वही भाव प्रतीक को शक्ति या घृणा की दृष्टि देते हैं। हिंदू धर्म के

अलावा स्वास्तिक का अन्य किसी भी धर्म में कोई महत्त्व नहीं है। अन्य देशों में स्वास्तिक एक अच्छी डिजाइन मात्र है, मंगलकारक या पवित्र चिह्न नहीं।

यह हमें कभी नहीं भूलना चाहिए कि संसार में सारे प्रतीक, सारे यंत्र, सारे देवी-देवता अलग-अलग मनुष्यों की अलग-अलग विचारधाराओं से निर्मित हैं। आसमान से टपके नहीं हैं और मानव-निर्मित यंत्र या प्रतीक मानव से अधिक शक्तिशाली नहीं हो सकता। हम प्रतीक देवी-देवता या यंत्र अपनी सुविधा के लिए निर्मित करते हैं, परंतु यंत्रों के प्रति अंधे होकर गुलाम बन जाना हमारे अपने बने हुए जाल में ही फँस जाने जैसा है। हमें प्रतीक, देवी-देवता, यंत्र सभी चाहिए; क्योंकि भाव अभिव्यक्त करने का या भाव बनाने का यही एक सशक्त माध्यम है, परंतु साथ-साथ हममें इसकी सच्चाई का वैज्ञानिक दृष्टिकोण भी होना चाहिए, अंधश्रद्धा नहीं।

हमारे जितने देवी-देवता हैं, वे सभी विभिन्न प्राकृतिक ऊर्जाओं के प्रतीक हैं। सभी धर्मों में और विश्व भर में सभी के दिमाग में यह प्रश्न हो सकता है कि हिंदू धर्म में इतनी तरह के देवी-देवता (भगवान्) क्यों? अगर एक-एक भगवान् को भी रोज याद करें तो दूसरे भगवान् की बारी शायद दो-तीन महीने के बाद ही आए। क्या यह मूर्खता है या कोई गूढ़ विज्ञान? इसमें कोई शक नहीं कि भारत के मनीषियों ने जितनी गहराई से इस ब्रह्मांड या प्रकृति के रहस्यों का अध्ययन किया, उतना गहरा अध्ययन या इतनी पैनी दृष्टि शायद ही विश्व में कहीं रही हो।

हमारे यहाँ इतने सारे जो भी देवी-देवता हैं, वे सभी विभिन्न ऊर्जाओं के

प्रतीक हैं; क्योंकि हमने हर ऊर्जा को (जो अपने आप में अलग शक्ति है) उनको देवता की या देवी की संज्ञा दी और उनके प्रतीक निर्मित किए। संसार में सैकड़ों तरह की ऊर्जाएँ हैं, इसलिए सैकड़ों तरह के देवी-देवता भी। अग्नि एक शक्ति है, ऊर्जा है तो हमने कहा कि अग्नि देवता, वायु को कहा वायु देवता, मेघ को कहा इंद्र देवता, धन की शक्ति को हमने कहा लक्ष्मी देवी, विद्या एक शक्ति है तो हमने इस शक्ति को नाम दिया सरस्वती देवी और उसकी एक प्रतीकात्मक प्रतिमा बना डाली, ताकि उस प्रतिमा को देखते ही आपके मन में उसी का विशेष भाव निर्मित हो, लक्ष्मी देखते ही धन का भाव निर्मित हो और सरस्वती देखते ही विद्या का भाव। ब्रह्मा, विष्णु, महेश, दुर्गा, गणेश, इंद्र, लक्ष्मी, सरस्वती, काली (चामुंडी), भैरव इत्यादि। देवता कोई सचमुच व्यक्ति के रूप में नहीं हैं, जो कहीं मुकुट और धोती पहनकर बैठा हुआ है। प्रतीक के रूप में बनाए गए हैं और बनाने जरूरी भी हैं; जैसे भारत माता सचमुच में नहीं है, परंतु संपूर्ण भारत को अगर नमन करना चाहें तो कैसे अभिव्यक्त करेंगे, तो झंडा पकड़कर दुर्गा की तरह खड़ी हुई एक देवी संपूर्ण भारत की प्रतीक साबित होगी, जिसको देखते ही आपको केवल संपूर्ण भारत का ही एहसास हो, अन्य और किसी ऊर्जा का नहीं। इसी कारण विभिन्न ऊर्जाओं के प्रतीक या देवी-देवता हमारे जीवन के अभिन्न अंग हैं और हमारी साइकोलॉजी (मानसिकता) के आवश्यक अंग हैं।

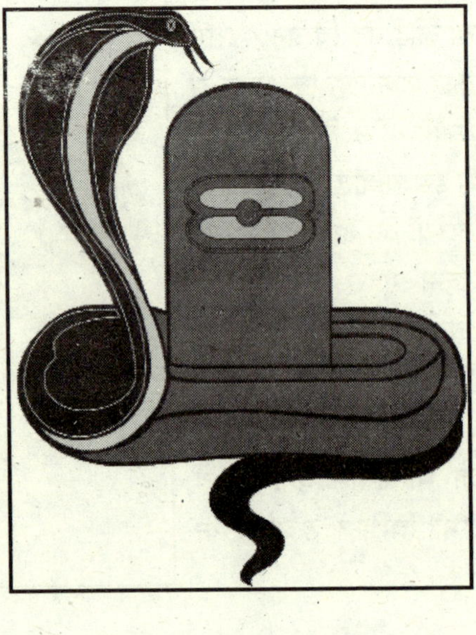

नागधारी शंकर पूरी तरह कुंडलिनी शक्ति के प्रतीक हैं। जब सर्प जैसी कुंडलिनी शक्ति फुँफकारती हुई ऊपर के चक्रों में यात्रा करती है, तब उस व्यक्ति का तीसरा नेत्र खुल जाता है और उसे असीम शांति

व शीतलता का अनुभव होता है। शीतलता का प्रतीक है चंद्रमा एवं जल की धारा। पास में खड़ा हुआ साँड़ प्रबल काम (सेक्स) का प्रतीक है, जिसे उन्होंने वश में कर (जीतकर) इस शक्ति को ऊपर उठाया है। यही शंकर हर व्यक्ति में घट सकते हैं, क्योंकि यह क्षमता हर मानव में जन्मजात होती है। परंतु हमारे पुराणों ने, कथाकारों ने न जाने कैसी-कैसी अजीब कहानियाँ एवं धारणाएँ जोड़ दीं, जिससे ऐसा लगता है कि शंकर नामक कोई महाशक्ति कभी व्यक्ति के रूप में पैदा हुई थी, जो आसमान में ही कहीं अब तक छिपकर बैठी हुई है।

जब तक इस संसार में मानव जाति पैदा होती रहेगी, ऐसे शंकर हजारों बार पैदा होते रहेंगे; क्योंकि शंकर पूरी तरह मानव शक्ति के साथ जुड़ा हुआ है। मानव नहीं तो शंकर भी नहीं। शिव शक्ति कोई सचमुच स्त्री-पुरुष का व्यक्तित्व नहीं है। प्रकृति की दो धन-ऋण ऊर्जाओं को हमने शिव-शक्ति की संज्ञा दी। इसी को चीन में 'यीन-यांग ऊर्जा' कहते हैं, इसी को पॉजीटिव-नेगेटिव ऊर्जा कहते हैं। क्योंकि संपूर्ण प्रकृति इन दो ऊर्जाओं से संचालित है और इसका संतुलन ही अर्धनारीश्वर है। हर आदमी में भी यही दो शक्तियाँ काम कर रही होती हैं। इसलिए हर आदमी को अपनी इन दोनों शक्तियों को संतुलित कर अर्धनारीश्वर बनना होता है।

दुर्गा स्त्री की अनंत शक्तियों का प्रतीक है, इसलिए दुर्गा के अनेक हाथ अनेक प्रकार की मानवीय शक्तियों को प्रदर्शित करते हैं। शेर की सवारी संसार की सबसे शक्तिशाली शेर रूपी शक्ति को मानव जीतकर उसका उपयोग कर सकता है और उसपर सवार रहकर अपने नियंत्रण में रख सकता

है। शक्तियाँ चूँकि स्त्री लिंग हैं, इसलिए शक्तियों को दुर्गा रूपी स्त्री के रूप में पेश किया गया है। काले और गोरे भैरव सकारात्मक और नकारात्मक तंत्र शक्तियों के प्रतीक हैं। काली चामुंडी नकारात्मक शक्तियों की प्रतीक है, इसलिए शिव यानी कल्याण को पाँव तले दबाकर अकल्याणकारी के स्वरूप को पेश करती है। नकारात्मक भावों को अभिव्यक्त करने के लिए नरमुंड कंकाल की माला, कटा हुआ सिर, निकली हुई जीभ, काला शरीर जैसी चीजों से इस ऊर्जा को अभिव्यक्त किया गया है। तांत्रिक साधना के लिए यह देवी प्रतीकात्मक रूप में प्रयोग की जाती है।

इसी तरह हमारे सभी देवी-देवता अलग-अलग शक्तियों को (ऊर्जाओं को) अभिव्यक्त करने के लिए बनाए गए हैं। आप लक्ष्मी की फोटो रखकर विद्या की कामना नहीं कर सकते, वायु देवता की तसवीर रखकर अग्नि देवता का आवाहन नहीं कर सकते; क्योंकि प्रकृति का नियम है कि जिस प्रकार का भाव हम अपने अंदर प्रकट करते हैं, ठीक वैसे ही भावों की तरंगों के साथ हम ब्रह्मांड में जुड़ जाते हैं और वैसे ही भाव की तरंगें हमारी ओर आकर्षित होती हैं। यह प्रकृति का स्वाभाविक आकर्षण-विकर्षण का नियम है, स्वचालित है। कोई संचालन नहीं करता। इसलिए भारत के मनीषियों ने अलग-अलग भाव व्यक्त करने के लिए अलग-अलग ऊर्जाओं का आवाहन करने के लिए अलग-अलग प्रकार के देवी-देवता के रूप में प्रतीक निर्मित

किए और ये सभी प्रतीक मूलतः यंत्र ही हैं।

श्रीयंत्र भी ऐसे ही 108 त्रिकोणों से बना एक ज्यामितीय डिजाइन है। त्रिकोण यानी मजबूत नींव के साथ ऊपर (चाहे समृद्धियाँ या कुछ और) बढ़ते रहने का प्रतीक। ऐसे त्रिकोण चारों ओर बने हैं, जो सर्वांगीण विकास एवं समृद्धि को इंगित करते हैं। मेरु पर्वत की तरह बने श्रीयंत्र भी ऊँचे पर्वत की तरह कदम-दर-कदम विकसित होने का, समृद्धि एवं वृद्धि का प्रतीक हैं। श्रीयंत्र खरीद लेने से या घर में लाकर रख लेने से कोई ऊर्जा निर्मित नहीं होती। अगर आप भाव यानी विशेष कामना की तरंगें बार-बार सच्चे हृदय से नियमित निर्मित करते हैं तो वही भाव की तरंगें 'मंत्र' कहलाती हैं। मंत्र कोई चमत्कारिक चीज नहीं होती। तरंगों के आकर्षण एवं विकर्षण का सूक्ष्म विज्ञान है, जिसके बारे में आगे व्याख्या करेगा।

काली यंत्र

पुस्तकों या ग्रंथों में दिखनेवाले सैकड़ों प्रकार के यंत्र जैसे काली यंत्र कुबेर यंत्र, नारायण यंत्र इत्यादि एवं नंबर लिखे हुए टेबल, अजीबो-गरीब रेखाचित्र एवं देवताओं के चित्र को देखकर हम बड़े आश्चर्यचकित होते हैं और समझते हैं कि ये अजीबो-गरीब यंत्र बड़े गूढ़ व प्राचीन रहस्यमय चमत्कारिक शक्तियाँ होंगी। ऐसा कभी न समझें।

ये स्वास्तिक, रेडक्रॉस जैसे प्रतीकों की तरह ही अत्यंत सामान्य ज्यामितीय प्रतीक हैं। अलग-अलग शक्तियों के विशेष भाव को प्रकट करने के लिए, अलग-अलग कार्यों के लिए और ऐसा आवश्यक भी है; क्योंकि

सैकड़ों प्रकार की मानवीय समस्याएँ हैं, कामनाएँ हैं। इन सभी के लिए एक विशेष कोई-न-कोई प्रतीक, यंत्र या देवता तो हमें निर्मित करना ही पड़ता है, ताकि हमारे अवचेतन मन पर ये विशेष छाप छोड़ सकें और विशेष भाव पैदा करने का कारण बन सकें।

लेकिन तांत्रिक, ज्योतिष, पंडित-पुरोहित इसे जिस प्रकार बढ़ा-चढ़ाकर इसके चमत्कारिक लाभों की चर्चा करते हैं, वह सिर्फ कोरी बकवास है, धंधागीरी है, व्यक्ति को भयभीत बनाए रखने के स्थायी साधन हैं। इन यंत्रों पर कभी विश्वास न करें। आप चाहें तो अपने स्वयं के प्रतीक, यंत्र (देवताओं) का निर्माण कर अपनी कामना को निश्चित रूप से पा सकते हैं। प्राचीन लोगों ने अपने हिसाब से इन यंत्रों की रचना की। अगर आपके पास अपनी रचनात्मक कल्पनाओं की शक्तियाँ हैं तो आप इनसे भी बेहतर अलग तरह के यंत्र या प्रतीक निर्मित कर सकते हैं। (यंत्र बनाने का विज्ञान रेकी ग्रैंडमास्टर कोर्स में सिखाया जाता है।)

चूँकि इस प्रकार के विषयों से हमें हमेशा अछूता रखा गया, जो हमारे प्रारंभिक शिक्षा के अंग होने चाहिए थे, हम ऐसे अजीबो-गरीब यंत्र व प्रतीक देखकर सोचते हैं कि प्राचीन है, कुछ-न-कुछ तो होगा ही। हम 'प्राचीन' शब्द से इतने ज्यादा प्रभावित होते हैं कि जैसे अब ऐसी मानवीय क्षमता शायद संभव ही नहीं है। प्राचीन के नाम पर हम सभी प्रकार के कूड़ा-कर्कट को आँख मूँदकर स्वीकार करने को तैयार हैं, पूजने को तैयार हैं।

आप शायद अपने आप पर यकीन करें या न करें, प्राचीन लोगों के मुकाबले आज हमारी मानवीय क्षमताएँ कई गुना अधिक विकसित हैं। हम इनसे बेहतर रचनाएँ कर सकते हैं। परंतु ये तब तक संभव नहीं हैं, जब तक हम अपने सिर पर बैठे हुए भूतकाल के 'प्राचीन' नामक भूत को उतारकर नहीं फेंक देते। इसका अर्थ यह नहीं है कि प्राचीन के सभी यंत्र गलत हैं। अनेक यंत्र व डिजाइन देवताओं के प्रतीक सचमुच में अद्‌भुत हैं; परंतु ये होंगे तो ही आपकी साधना होगी, वरना नहीं होगी, ऐसा कभी मानकर न चलें। हम चाहें तो इनसे भी बेहतर यंत्रों का एवं प्रतीकों का निर्माण कर सकते हैं।

जिन लोगों ने इन यंत्रों का निर्माण किया भी तो नए-नए रचयिता थे।

अधिकतर यंत्रों में ऊर्जा की गति की कोई अभिव्यक्ति नहीं है। बस, नाम के लिए बना दिए गए हैं और हम सदियों से बगैर प्रश्न या संदेह किए चुपचाप माने चले जा रहे हैं। आज भी यही हालत है और आनेवाले सैकड़ों सालों में भी यही चुपचाप बगैर संदेह के मानना चलता रहेगा और आनेवाली पीढ़ियाँ इसको और रहस्यमय समझेंगी। बस, इसी तरह अंधविश्वास अपनी यात्रा बड़े मजे से जारी रखता रहता है। इन सभी पर पड़े रहस्य के परदे उठाना ही हमारा प्रमुख ध्येय है, ताकि हर व्यक्ति प्रबुद्ध हो, वैज्ञानिक हो, जागरूक हो।

प्रतीक का या यंत्र और तावीजों का सीधा सा विज्ञान है कि हम उसे कितनी गहरी श्रद्धा या आस्था के साथ स्वीकार करते हैं। उतनी ही प्रबल ऊर्जा से वे भाव हम निर्मित कर पाते हैं और जितना हम संदेह या तर्क करते हैं, भाव और ऊर्जाएँ उतनी ही कमजोर हो जाती हैं। इसी कारण अंध श्रद्धालु भावुक भक्त इन यंत्र तावीजों या प्रतीक का पूरा लाभ उठा पाते हैं; क्योंकि चेतन मन का तर्क, संदेह, बुद्धि या विश्लेषण अवचेतन मन के कार्यों में बाधा नहीं पैदा करता। प्रतीक यंत्र या तावीज जितना समझ में ना आए, रहस्यमय रहे (जिसमें तर्क, संदेह या बुद्धि छेद ही न कर पाएँ) उतना ही वह प्रतीक या यंत्र ज्यादा प्रभावशाली काम करता नजर आएगा। इसीलिए यंत्र एवं मंत्र ऊर्जा अजीबो-गरीब, टेढ़े-मेढ़े, न समझ में आनेवाले, इस विज्ञान के जानकार ऋषि-मुनियों ने ग्रंथ भर दिए हैं। आपको लाभ उठाना है तो चुपचाप, पूर्ण श्रद्धा एवं आस्था पैदा कर मान लें और उपयोग कर लें। शक-संदेह न करें, तर्क न करें। आपकी श्रद्धा एवं स्वीकृति के कारण अवचेतन मन वह विशेष भाव और ऊर्जा निर्मित कर ही देगा, क्योंकि अंततः मूल रचना के स्रोत तो आप स्वयं ही हैं। हाँ, तर्क-संदेह के कारण आप जब प्रतीक, यंत्र या तावीज का विश्लेषण कर समझ जाते हो, आपके तर्क-संदेह गिर जाते हैं तो हो सकता है कि अब आप भक्त से भी आगे दुगुनी ऊर्जा निर्मित कर सकें; क्योंकि अंध श्रद्धालु के मन के किसी भी कोने में शायद थोड़ी शंका छुपी हुई हो।

प्रतीक विज्ञान का यह नियम है कि सारे सत्य खोलने के लिए नहीं होते। कुछ सत्य रहस्यमय, अनसुलझे-से और अनजान ही रह जाएँ तो बेहतर है; क्योंकि मानव मस्तिष्क की प्रकृति ही कुछ ऐसी है कि संदेह की सुई घूमते

ही आस्था, भाव व ऊर्जा पंक्चर हो जाती है। अवचेतन मन नहीं होता तो कोई प्रतीक, कोई यंत्र, कोई तावीज कभी काम नहीं करते।

इसी कारण मंत्र भी अजीबो-गरीब बनाए जाते हैं। अगर सीधे-सादे मंत्र बनाए जाएँ कि 'मंगल भवतु', तो आप बहुत हल्के से प्रभावित होंगे; लेकिन जैसे ही 'टीली-टली टम-टम गीली-गीली बम-बम' मंत्र आपको दिया जाए तो आपको समझ में न आने के कारण तर्क-संदेह न पैदा करने के कारण अंधश्रद्धा एवं आस्था पैदा करने के कारण अवचेतन मन पूरी प्रबलता से आपका साथ देता है और इसकी विशेष ऊर्जा निर्मित करता है। इसी कारण सामान्य मंत्रों के मुकाबले ज्यादा टेढ़े-मेढ़े न समझ में आनेवाले रहस्यमय मंत्र ज्यादा स्वीकृत और कारगर लगते हैं; हालाँकि दूसरी तरफ यह भी बहुत बड़ा नुकसान मानव को उठाना पड़ता है कि वह इनके कारण अंधविश्वासी, भयभीत एवं अवैज्ञानिक बन जाता है। इन पर निर्भर होकर कमजोर, लाचार एवं लँगड़ा जीवन जीता है और इन सभी के यंत्र, तावीज एवं प्रतीक के कारण अपनी स्वयं की महान् असीम आत्मिक शक्ति की आत्मनिर्भरता की कभी पहचान नहीं कर पाता। इन बैसाखियों के कारण अपने पाँव पहचान ही नहीं पाता। जैसी कंडीशनिंग आप अपने अवचेतन मन की करते हैं वैसा ही आपका जीवन शक्तिशाली या कमजोर हो जाता है।

इसी कारण मस्तिष्क भी अपने विश्वासों में मस्ती से जी रहा होता है।

आपके ही डर—आपके ही विश्वास,
लाते हैं आस या करते हैं निराश।

□

31

अवचेतन मन से कर सकते हैं असंभव-से-असंभव कार्य

संसार भर में जितने भी असंभव-से लगनेवाले काम आज तक हुए हैं, वे सब केवल अवचेतन मन की शक्तियों से ही संभव हुए हैं, चाहे हवाई जहाज से उड़ने के सपने हों या चंद्रमा पर जाने के सपने, चाहे बड़ी-से-बड़ी आश्चर्यजनक बिल्डिंग का निर्माण हो या कोई एडवेंचर से भरा काम हो—ये सब काम चेतन मन से परे है, क्योंकि चेतन मन अपनी सीमित सूचनाओं के आधार पर बुद्धि को एक सीमा तक ही लेकर जा सकता है और अटक जाता है। इसके ठीक विपरीत अचेतन मन असीमित मन है, संपूर्ण ब्रह्मांड की ऊर्जाओं से जुड़ा हुआ है। इसके कारण कई प्रकार की अंत:प्रेरणाओं, मार्गदर्शन, सपनों से संबंधित ऊर्जाओं को यह आकर्षित कर सकता है। इसी कारण मानव जो-जो इच्छाएँ करता जा रहा है, सपने देखता जा रहा है, असंभव-से-असंभव उद्देश्यों की मनोकामना किए जा रहा है, वह सब हम अच्छी तरह अनुभव कर रहे हैं कि सफल व फलीभूत होती जा रही हैं। विज्ञान की आज सारी आश्चर्यजनक उपलब्धियाँ इसी अवचेतन मन की शक्तियों का परिणाम है। आप जबरदस्ती चेतन मन से कोई कविता, कोई संगीत, कोई लेख, कोई आविष्कार नहीं कर सकते; जैसे कोई जबदस्ती नींद नहीं ले सकता। जैसे ही हम चेतन मन को छोड़ देते हैं, जिस तरह नींद अपने आप उतरने लगती है, उसी तरह ब्रह्मांड से ज्ञान, मार्गदर्शन या अंत:प्रेरणाएँ अवचेतन मन के धरातल पर अपने आप हमारी तड़प, गहन आकांक्षा के

अनुरूप उतरने लगती हैं। जीवन के हर क्षेत्र में, चाहे कला हो या विज्ञान, सभी में अवचेतन मन अपनी शक्तियों का लोहा मनवा रहा है।

चेतन मन तर्क, बुद्धि, विश्लेषण पर आधारित है तो अवचेतन मन कल्पना पर, विश्वास पर। इसलिए मानव जो-जो सपने देखकर उसकी कल्पना करता है, उस सपने को हर हालत में पूरा करने का अटूट विश्वास रखता है तो अवचेतन मन और ब्रह्मांड की शक्तियाँ (जिसे हम परमात्मा कहते हैं) उस सपने की ऊर्जाओं को फलित करने के लिए तैयार हो जाती हैं। मानव भविष्य में न जाने ऐसे कितने असंभव सपने देखता रहेगा और अवचेतन मन के माध्यम से पूरा करता रहेगा। इसी शक्ति के माध्यम से मानव भौतिक जीवन की पराकाष्ठा को छूता जा रहा है, आर्थिक समृद्धि में असीम ऊँचाइयों को छूता जा रहा है, विज्ञान में आश्चर्यजनक उपलब्धियों को हासिल करता जा रहा है।

अवचेतन मन असंभव कार्य को करवाने में बिल्कुल सक्षम है, कमजोर नहीं है। कमजोर है तो सिर्फ हमारा चेतन मन, जो अपनी सीमाएँ, तर्क बुद्धि से परे नए सपने नहीं देखना चाहता, नई इच्छाएँ पैदा करने से डरता है, असंभव सपनों की तो कल्पना भी नहीं करना चाहता। इसी कारण वह एक हद तक ही प्रगति कर पाता है। जिन लोगों ने असंभव सपने देखे या उनको पाने की ठानी, उसपर अटूट विश्वास रखा सामान्य लोगों ने हमेशा उसे पागल या दीवाना कहा और ऐसे दीवानगी से भरे लोगों ने ही इस संसार का सही मायने में विकास किया है। अच्छे-से-अच्छा आदमी असंभव सपने देखने से कतराता है, क्योंकि चेतन मन टाँग अड़ा देता है।

कैसे होते हैं असंभव कार्य : मान लीजिए, आप एक 100-150 कीलों के आदमी को केवल एक उँगली से उठाना चाहते हैं तो वास्तव में आप चाहे जितना चेतन मन में विश्वास पैदा कर लें कि आप उठाने की पूरी कोशिश करेंगे तो भी आप उसे जरा सा भी हिला नहीं पाएँगे, उठाना तो बहुत दूर की बात है। आप अब कल्पना का सहारा लेकर यह विश्वास करें कि आपके भीतर एक विशेष शक्ति आपके इष्ट देव या ब्रह्मांड प्रवाहित कर रहा है या आपके भीतर धीरे-धीरे शक्ति बढ़ती जा रही है और आ चुकी है। इसके बाद आँखें खोलकर उठाएँगे तो वह छह फीट ऊपर उठ जाएगा और आपको इसका

वजन बिल्कुल महसूस नहीं होगा। आपके हल्के विश्वास और झूठ-मूठ की कल्पना को भी अवचेतन मन सच में परिवर्तित कर देता है और आप असामान्य काम कर बैठते हैं। चेतना में आते ही आपको फिर उठाने को कहा जाए तो आप बिल्कुल नहीं उठा पाएँगे। चेतन मन से मुक्त होकर जैसे ही हम भावना, प्रेम, भक्ति, विश्वास, कल्पना का सहारा लेते हैं तो हम कई तरह के असंभव काम कर जाते हैं। इसी कारण लोग अंगारों पर चल पड़ते हैं और उनका पाँव तक नहीं जलता है। अपने जीभ और गालों पर बड़ी-बड़ी सुइयाँ घुसेड़ देते हैं, परंतु खून नहीं निकलता। अपना शरीर छेद देते हैं, परंतु दर्द नहीं होता; क्योंकि अवचेतन मन कल्पना और आस्था-विश्वास को सच मानता है।

इसी नियम के अंतर्गत हम एक सख्त स्टील के चम्मच को चंद क्षणों में कपड़े की तरह लपेट सकते हैं। जबकि सामान्य अवस्था में आपको काफी जोर लगाना पड़ता है और थोड़ा-बहुत ही मोड़ पाते हैं। जो काम आप चेतन मन से पूरी शक्ति लगाकर भी नहीं कर पाते हैं, वो ही काम आप बस थोड़ी सी कल्पना कर अवचेतन मन को प्रभावित कर, अत्यंत सहजता से, बगैर किसी विशेष दबाव के फटाफट कर जाते हैं। इस बात से आप समझ सकते हैं कि हम जीवन में चेतन मन का अधिक-से-अधिक प्रयोग कर खूब संघर्ष करते हैं, तनाव लेते हैं, शक्ति का व्यय करते हैं। उसी के विपरीत अवचेतन मन, कल्पना एवं विश्वास की शक्ति से बड़े-से-बड़े जीवन के काम हम अत्यंत सरलता से कर सकते हैं, बड़ी-से-

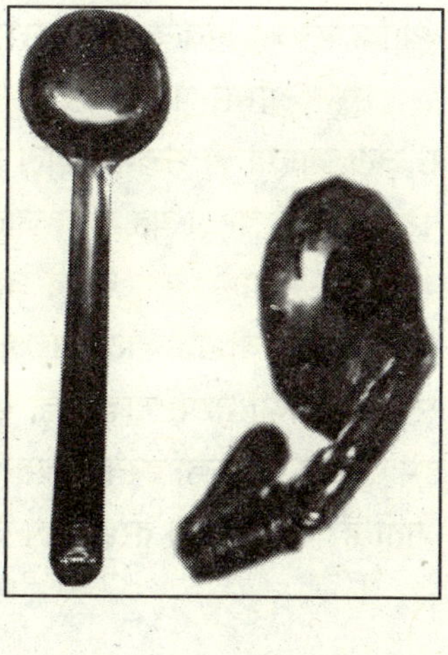

बड़ी उपलब्धियाँ हासिल कर सकते हैं।

इन सारी शक्तियों के प्रयोग हम हजारों बार अपनी रेकी कार्यशालाओं में सफलतापूर्वक विद्यार्थियों से करवा चुके हैं। ये अवश्य दुर्भाग्य का विषय है कि हर व्यक्ति में छुपी अवचेतन की ऐसी अद्‌भुत महान् असंभव काम करवानेवाली शक्ति की जानकारी न तो मानव को है और न ही किसी स्कूल-कॉलेज में सिखाई जाती हैं, जिसके कारण हम बहुत छोटी सीमाओं में, उपलब्धियों में, आंशिक क्षमताओं में जीवन जी जाते हैं। जबकि हर व्यक्ति जीवन की, धन की, कला की श्रेष्ठतम अंतिम ऊँचाइयों को छू सकता है।

राजस्थान के चित्तौड़गढ़ जिले में 'बड़ी सादरी' नामक गाँव में हर साल महिलाओं को अपने सतीत्व एवं पवित्रता को सिद्ध करने के लिए उबलते हुए तेल की कड़ाही में से अपने हाथों से पूड़ियाँ तलकर निकालनी होती हैं। मजेदार बात ये है कि सामान्य, घरेलू, अनपढ़ महिलाएँ सचमुच ऐसा कर जाती हैं और उनका हाथ बिल्कुल भी नहीं जलता। क्यों नहीं जलता? क्योंकि उन्हें अपने सतीत्व एवं पवित्रता पर इतना जबरदस्त भरोसा होता है कि वे यह विश्वास अपने अवचेतन मन को देती हैं कि मैं सत्य हूँ तो मेरा हाथ जल नहीं सकता और वे पूरे विश्वास की भावना में आकर खौलते हुए गरम तेल में हाथ डालकर बड़ी आसानी से पूड़ियाँ निकाल लेती हैं। यह कोई ईश्वर की मेहरबानी नहीं है, अवचेतन मन का खेल है। जिनके मन में डर रहता है, वे सोचती हैं कि जल जाएगा तो उसका हाथ सचमुच जल जाता है; क्योंकि उसका अवचेतन मन उस विश्वास के अनुसार प्रतिक्रिया करता है।

इसी आधार पर जो लोग सोचते हैं कि उनका पाँव अंगारों पर चलने से जल जाएगा तो सचमुच जल जाता है। इसी कारण प्रयोगकर्ता को अंगारों पर चलाने से पहले यह कहा जाता है कि कोई भी मंत्र-जाप शुरू कर दो या जोर-जोर से याहू-याहू कहते जाओ या जोर-जोर से हँसना शुरू कर दो या जोर-जोर से चीखते जाओ या अंगारों के उस पार किसी टारगेट को ध्यान में रखकर उसकी तरफ दौड़ पड़ो या गहरी-गहरी लंबी श्वास लेते हुए जाओ। इस तरह की सैकड़ों हरकतें चेतन मन एवं विचारों से मुक्त करने के लिए की जाती हैं; क्योंकि इस तरह आप जब भी किसी कल्पना, टारगेट या मंत्र-जाप

या चीखने का सहारा लेते हैं तो आपका चेतन मन एवं विचारों से ध्यान हट जाता है, जिससे आप नकारात्मक भाव पैदा ही नहीं कर पाते हो। जैसे ही आप इस प्रकार के प्रयोग में उलझते हो, आपका अवचेतन मन असंभव काम चुपचाप अत्यंत सहजता से करवा देता है। इसी कारण मजदूर वर्ग बड़ी-से-बड़ी वजनदार चीज को खिसकाने या उठाने के लिए एक साथ एक खास आवाज निकालते हैं, जैसे कि 'जोर लगा के हँइसा', 'जोर लगा के हँइसा'। इसमें सबकी समूह चेतना एक साथ जुड़ जाने से और कुछ क्षणों के लिए चेतन मन से थोड़ा ऊपर उठ जाने से वे मुश्किल से खिसकाई जानेवाली चीज को आसानी से बगैर वजन महसूस किए खिसका जाते हैं। इन सबके पीछे काम कर रहा है अवचेतन मन का विज्ञान। तीर्थ यात्राओं में लंबी-लंबी, दुःसाध्य चढ़ाई, ठंड या भूख या कष्टों को 'बम-बम भोले या ॐ नमः शिवाय' या 'जोर से बोलो जय माता दी' या 'जय श्रीराम' जैसे अनेक भावनापूर्ण उद्घोष से लोग सामान्य अवस्था में जो चढ़ाई या कष्ट झेल नहीं पाते हैं, सोचते ही जो असंभव प्रतीत होती हैं, वही असंभव कार्य वह चेतन मन से मुक्त होकर, भावना जगत् में आकर, अवचेतन मन की असीमित, आंतरिक शक्तियों से जुड़कर दुःसाध्य काम कर जाते हैं।

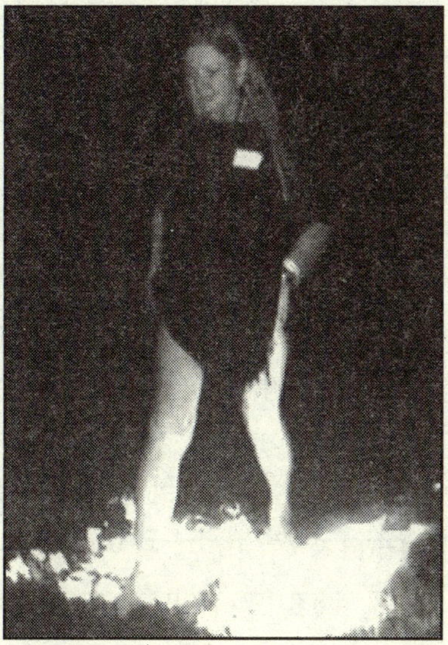

सोचो! कल्पना करो! सपने देखो, विश्वास करो;

थोड़ा प्रयास करो और पा लो, बस इतना सरल है।

अवचेतन मन का नियम या विज्ञान।

□

32

अवचेतन मन से बनती हैं हाथों की रेखाएँ

हर मानव अपने पूर्वजन्म के संस्कारों के अनुरूप जब जन्म लेता है, तब वह बनी-बनाई पूर्व निर्धारित हस्त-रेखाओं को लेकर आता है। यह आप ही के द्वारा बनाया गया पूर्वजन्म का भाग्य है। ये रेखाएँ आपके कई जन्मों का प्रतिफल हैं। इनमें कोई परिवर्तन नहीं आता। हाँ, इसके साथ नई रेखाएँ जुड़ सकती हैं। इस जन्म में जब आप अपने दृढ संकल्प या इच्छा-शक्ति (will power) के द्वारा नई इच्छाएँ, सपने, आकांक्षाएँ अपने चेतन या अवचेतन मन में गहराई से पैदा करते रहते हैं और उसको लगातार बल देते रहते हैं, तब हमारे दिमाग में अविकसित कोषाणुओं एवं स्नायुतंत्र पर जोर पड़ने के कारण हमारे हाथों में उसी से संबंधित क्षेत्र में (corresponding zone) एक नई रेखा का निर्माण होने लगता है। दृढ इच्छा-शक्ति एवं नए विचारों के द्वारा हम अपने हाथों की रेखाओं में जबरदस्त परिवर्तन ला सकते हैं और नकारात्मक प्रभाववाली रेखाओं, चिह्न इत्यादि को कमजोर कर धीरे-धीरे गायब भी कर सकते हैं। नवीन सकारात्मक लाभ देनेवाली रेखाओं को पैदा कर उसे निरंतर बल देकर इतना

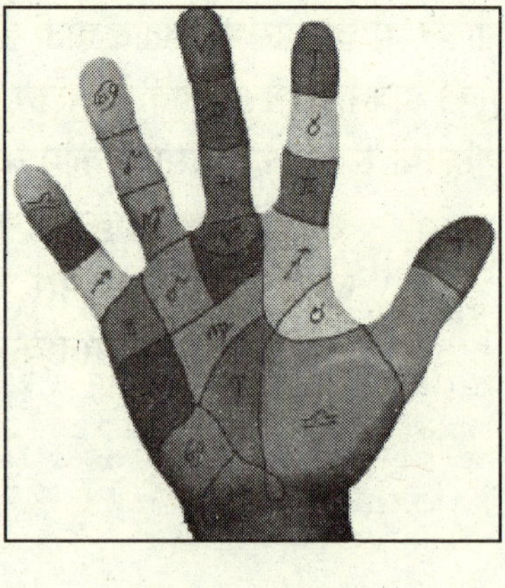

प्रबल बना सकते हैं कि पुरानी सारी रेखाओं के प्रभाव को कमजोर कर सकते हैं, धुँधली कर सकते हैं। अवचेतन मन को प्रोग्रामिंग कर हाथों में नई रेखाएँ बना सकते हैं, दबे हुए पर्वत उठा सकते हैं। आज हमारा हाथ कल के बोए गए विचारों का प्रतिफल है। आनेवाले कल का हाथ वो ही होगा, जो विचार आज बोए जाएँगे। होशपूर्वक सही बीज (विचार) डालकर भविष्य में फुलवारी पैदा कर लें और बेहोशी में रहकर जैसा बीज अपने आप पड़ता जा रहा है, वैसा पड़ने दें तो भविष्य में कँटीली, अस्त-व्यस्त झाड़ियोंवाला जंगल मिलेगा। आपका हाथ ठीक आपके अवचेतन मन का फूल है, नक्शा है, प्रतिबिंब है। आपके हाथ आपके अवचेतन मन की सटीक जानकारी देते हैं।

आपके हाथ आपकी आत्मा के चारों तरफ छाए हुए संस्कारों की रूपरेखा हैं। आपका हाथ आपके संपूर्ण दिमाग का प्रतिनिधित्व करता है। इससे आपके मूल गुण, स्वभाव, प्रकृति की एकदम सही सूचना मिलती है। जन्म कुंडलियाँ आपको सही सूचना दें या न दें, परंतु आपके हाथ वह ही हैं जो आप हैं, आपका दिमाग है, आपके संस्कार हैं। इसलिए हस्त-रेखाएँ शत-प्रतिशत सच होती हैं। बस, इसको सही पढ़नेवाला जानकार होना चाहिए। सही हस्तरेखा विशेषज्ञ आपके अवचेतन मन की सारी वास्तविकता को खोलकर रख सकता है।

हम लोग माँगना भूल गए हैं

सच पूछा जाए तो हम लोग माँगना ही भूल चुके हैं। एक सीमित माँग के कुएँ में जीवन जीकर हम अपने आपको धन्यभागी समझ लेते हैं। बचपन से ही परिवार में हमारी सहज व स्वाभाविक माँगों को अनेक मजबूरियों के कारण दबा दिया जाता है या हम स्वयं ही अपनी माँगों की सीमा तय कर लेते हैं। हमारे आध्यात्मिक गुरु, माता-पिता, शिक्षक, आसपास के मित्र या सामाजिक ढाँचा हमारी ऊँची उड़ान और ऊँचे सपनों के पर काटकर या तो जमीन पर ही रहने की सलाह देते हैं या पर छोटे कर एक सीमा तक ही उड़ने की राय देते हैं।

ब्रह्मांड के एवं अवचेतन मन के नियमों को जाननेवाला व्यक्तित्व आकाश

एवं उड़ान की सीमाओं को लाँघकर असंभव-सी लगनेवाली उपलब्धियों को हासिल कर लेता है। हमें बड़ी माँग, बड़े सपने, बड़ी उपलब्धियों को सोचने में भी हिचक होती है, संकोच होता है, शर्म आती है; क्योंकि हमने अपनी मानसिकता को इसी तरह विकसित किया है।

एक बार सच्चे दिल से बैठकर अपने अंतर्मन में छुपे हुए, दबे हुए सपने और महत्त्वाकांक्षाओं की सूची बनाएँ, भले ही मजाक समझकर बना लें या ऐसा समझ लें कि ईश्वर आपके सामने प्रकट होकर पूछ रहे हैं कि माँग बेटा, माँग! क्या चाहिए तुम्हें? मैं तुम्हें तीन वरदान दे सकता हूँ और हाँ, ध्यान रहें दिल खोलकर माँगना। जितनी बड़ी चीज हो, माँग लेना। असंभव सी दिखनेवाली वस्तु भी माँग लेना। माँगने में जरा सी भी कंजूसी मत दिखाना। तो आप क्या माँगोगे? वे तीन वरदान बैठकर लिखो पेपर पर। तुम हैरान हो जाओगे कि तुम्हारी माँगें कितनी संकुचित हैं, छोटी हैं, सामान्य सी हैं।

ब्रह्मांड अनंत समृद्धियों का भंडार है। ऐसे सागर के पास हम चम्मच व कटोरियाँ लेकर जा रहे हैं। विरले ही कुछ लोग इस सागर में बड़े-बड़े मोटर के पंप लगाकर अनगिनत समृद्धि का पानी खींच रहे होते हैं। यह सभी हमारी धारणाएँ एवं सोच पर निर्भर है।

क्यों हम इस संसार में श्रेष्ठ-से-श्रेष्ठ घरों में न रहें, श्रेष्ठ-से-श्रेष्ठ सुविधाओं में न जिएँ। जीवन की सर्वोत्तम ऊँची माँगों के प्रति हम बिल्कुल गंभीर नहीं हैं। हम सफल लोगों को 'नसीब वाला' कहकर अपने आपको काटकर सीमित नसीब वाले वर्ग में रखकर संतुष्ट हो जाते हैं। इसलिए जब तक सोच ही नहीं है, खोज शुरू नहीं होती, उत्साह की आग प्रबल नहीं होती। न आप ब्रह्मांड में शक्तिशाली तरंगें फेंक पाते हैं, न वे परिस्थितियाँ और लोग आपके संपर्क में आ पाते हैं। इसलिए खोलो अपने आपको, माँगो, आकर्षित करो ब्रह्मांड से अनंत समृद्धियों को। खूब सपने देखो, खूब इच्छाएँ करो। यह गुनाह नहीं है। इनसे चिपको मत। इनसे दुर्भावना, अहंकार, भय, लालच मत पैदा होने दो। ये विकृत हो जाते हैं। स्वयं के एवं समस्त संसार के विकास की कामना करते हुए खेलो एक अभिनय की तरह और साबित कर जाओ कि तुम सचमुच में ऐश्वर्य (ईश्वर) के पुत्र हो, किसी कंगाल के पुत्र नहीं।

तुमसे बड़ा शनि कोई नहीं!

ग्रह और मानव एक ही ईश्वर की उत्पत्ति हैं। सबको अपने-अपने स्वभाव में अभिव्यक्त होकर यात्रा जारी रखनी है। सारे ग्रह अपनी धुरियों पर यात्रा कर रहे हैं, मानव अपनी धुरी पर। कोई ग्रह मानव को बरबाद या आबाद करने के लिए नहीं घूम रहा है, न उसको इस उद्देश्य के लिए परमात्मा ने निर्मित किया है। संसार की आज भी कई आदिवासी प्रजातियों में न महामारक रोग है, न अनावश्यक दुःख है, न तनाव है। ये प्रजातियाँ सौ साल से अधिक जीती हैं तो क्या शनि-मंगल इन पर ज्यादा मेहरबान हैं? सबसे ज्यादा शनि भारत में ही लगते हैं। यह शब्द केवल भारत में ही प्रचलित है, जो पूरे विश्व के क्षेत्रफल का 2 प्रतिशत हिस्सा भी नहीं है बाकी के 98 प्रतिशत विश्व में न शनि सुनने में आता है, न मंगल, न राहु, न केतु, न काल सर्पयोग, न मांगलिक कन्या। निश्चय ही जो देश जितना ज्यादा गरीबी, अशिक्षित, अंधविश्वास, पंडित, पुरोहित, ज्योतिष, तांत्रिकों में उलझा रहेगा, वहाँ उतने ही महाशनि हमेशा जीवित रहेंगे।

तुम ही अपने सबसे बड़े शनि हो। तुम्हारे शनि हैं तुम्हारी अज्ञानता, तुम्हारे अंधविश्वास, तुम्हारे भय, तुम्हारी तुच्छ नकारात्मक धारणाएँ, तुम्हारे मापदंड, तुम्हारे झूठे अहंकार, तुम्हारी लालसाएँ, असीमित इच्छाएँ, अपेक्षाएँ इत्यादि। शनि तो शायद साढ़े सात साल लगता है और थोड़ा ही बरबाद करता होगा, परंतु तुम्हारी धारणाओं के शनि जीवन भर लगे रहते हैं और इस जन्म ही नहीं, अनेक जन्मों तक। ज्ञान द्वारा इन सारे शनियों से मुक्त होते ही सारे ग्रह ईश्वर-स्वरूप हो जाते हैं, प्रेम के सागर बन जाते हैं, महासम्मान के योग्य बन जाते हैं।

अज्ञानता से बड़ा कोई शनि नहीं,
अज्ञानी व्यक्ति के लिए हजारों शनि, मंगल, राहु, केतु हैं।
इसके विपरीत, ज्ञानी (जागे हुए) व्यक्ति के लिए केवल
सत्य, परमात्मा, आनंद और प्रेम है॥

□□□

डॉ. एन.के. शर्मा की आँखें खोल देनेवाली अन्य किताबें

परामनोविज्ञान और आध्यात्मिकता

1. द मिरैकुलस पावर ऑफ द सब-कंसस माइंड (अंग्रेजी)
2. आध्यात्मिक पाखंड (हिंदी)
3. गुरु ढूँढ़ें बीच बाजार (हिंदी)
4. ध्यान बीच बाजार (हिंदी)
5. महात्मा रोगी क्यों? (हिंदी)
6. ईश्वर के नाम पर धाँधली (हिंदी)

स्वास्थ्य और पोषण पर

1. मिल्क—ए साइलेंट किलर (अंग्रेजी)
2. वंडर्स ऑफ नेचुरल डायट (अंग्रेजी)
3. गुडबाय टू इनडाइजेशन (फूड कॉम्बिनेशन) (अंग्रेजी)
4. प्राकृतिक आहार के चमत्कार (हिंदी)
5. सही पकाएँ रोग भगाएँ (हिंदी)
6. स्वादिष्ट प्राकृतिक व्यंजन (हिंदी)
7. रोगकारक दूध (हिंदी)
8. अनाज रोग कारक है (हिंदी)

यहाँ उपलब्ध हैं :

रिकी हीलिंग फाउंडेशन (ट्रस्ट)

56-A/ED ब्लॉक, मधुबन चौक,

पीतमपुरा, दिल्ली-110034

फोन : 09811179047, 9911331113, 01127311456

इ-मेल : info@rhftrust.com

वेबसाइट : reikihealingfoundation.net

रिकी हीलिंग फाउंडेशन

सारे अंधविश्वासों के खिलाफ लड़ाई

मन की सारी छिपी

शक्तियों की अनुभूति

डॉ. नंद किशोर शर्मा की एक क्रांतिकारी शोध पुस्तक

दूध
एक खामोश
हत्यारा

'पशु दूध' पर चौंकाने वाले तथ्यों का खुलासा
वैज्ञानिक और सामान्य बुद्धि के आधार पर
पोषण में एक महान् क्रांति

लेखक ने बताया :

- क्यों पशु दूध मनुष्य के उपभोग के लिए सही नहीं है ?
- कैसे यह धीरे-धीरे असर करता है और मारता है ?
- कैसे यह इन बीमारियों की शुरुआत करता है—कैंसर, दमा, एलर्जी, हृदय रोग, सर्दी और खाँसी, कब्ज, अमीबाजनित पेचिश, गैस, बड़ी आँत की सूजन, भयंकर अपच रोग और अनेक कई बीमारियाँ।

आप भी दूध के शिकार हो सकते हैं
रोचक और आँखें खोल देनेवाले अध्याय

- दूध और बचपन की बीमारियों से उसका संबंध
- हमें दूध के किसी विकल्प की आवश्यकता नहीं पड़ती
- दही—लंबी उम्र और स्वास्थ्य से कोई संबंध नहीं
- अधिक (पशु) प्रोटीन के खतरनाक प्रभाव
- प्राकृतिक, गैर-विषैले प्रोटीन और कैल्सियम के बेहतरीन स्रोत
- भोजन का उचित मेल और दूध का सुरक्षित प्रयोग
- दूध—कैंसर कारक
- दूध की वसा और धमनियाँ

- दूध का कैल्सियम खतरनाक है
- प्रोटीन को लेकर भ्रांति
- पाश्चरीकृत दूध—एक मृत भोजन
- आइसक्रीम या विष
- अप्राकृतिक दूध उत्पादन
- दूध-जनित रोग
- माँ का दूध बढ़ाने के निश्चित उपाय
- दूध में खतरनाक मिलावट आदि तथा कुछ और

मनुष्य के सर्वोत्तम स्वास्थ्य—कायाकल्प और लंबी उम्र के लिए प्राकृतिक आहार के उत्तर भी पाएँ

मूल्य रु. 195.00 (डाक खर्च अतिरिक्त)

अनेक विदेशी भाषाओं में अनुवाद
(लाइफ पॉजिटिव पब्लिकेशन)

रेकी हीलिंग फाउंडेशन की गतिविधियाँ

उपचार का मंदिर—लाइलाज और असाध्य रोगों के उपचार की एक आखिरी उम्मीद (जहाँ आकर स्वास्थ्य और उपचार की तलाश पूरी हो जाती है)। सबकुछ का उपचार—नियमित रेकी सत्रों, पूर्व-जन्म के सत्रों, व्यक्तिगत सम्मोहन सत्रों, आभा की स्कैनिंग, सभी स्वास्थ्य, वित्तीय, संबंधों से जुड़ी, मानसिक, भावनात्मक, अलौकिक, शैक्षणिक और आध्यात्मिक समस्याओं के लिए समग्र कल्याण केंद्र।

दूरस्थ उपचार—दुनिया के सबसे बड़े दूरस्थ उपचार समूहों में से एक। आरएचएफ संभवत: दुनिया का पहला और एकमात्र सबसे बड़ा केंद्र है, जहाँ सभी स्वास्थ्य और जीवन संबंधी समस्याओं का सबसे बड़ी संख्या में दूरस्थ उपचार किया जाता है। आरएचएफ के अतुलनीय दूरस्थ उपचार ने हजारों बीमार लोगों के जीवन, कारोबार और संबंधों को बचाने के साथ ही अन्य वैश्विक समस्याओं को सुलझाया है।

आभा स्कैनिंग—शरीर (आभा) की अदृश्य सूक्ष्म ऊर्जा को स्कैन करने के लिए एक नवीनतम उन्नत डिजिटल तकनीक, जिससे वर्तमान तथा भविष्य की संभावित बीमारियों, प्रमुख शक्ति, उपचार के प्रभावों, चक्र की स्थिति आदि का पता लगाया जाता है। यह भवन, दफ्तरों और घरों के वास्तु तथा नकारात्मक और सकारात्मक ऊर्जा वाली विभिन्न वस्तुओं को भी स्कैन करता है।

मुफ्त व्यापक रेकी ट्रेनिंग—आरएचएफ दुनिया का एक और अपनी तरह का एकमात्र रेकी संगठन है, जो पूरे भारत और विश्व में मुफ्त रेकी कोर्स का आयोजन कर आम लोगों के बीच समर्पण के भाव से रेकी का प्रसार कर रहा है। प्रत्येक व्यक्ति को ज्ञान देकर उनके छिपे शरीर, मन तथा आत्मा की शक्ति से उन्हें रोगमुक्त लंबा जीवन, प्राकृतिक शाकाहार (शुद्ध शाकाहारी), जीवनशैली, वित्तीय स्वतंत्रता और आत्मबोध का अनुभव करा रहा है। इस प्रकार संपूर्ण मानवता और पारिस्थितिकी की सुरक्षा कर रहा है।

प्रकाशन—आरएचएफ ने आँखें खोल देनेवाले और क्रांतिकारी कई लेखों, किताबों, ऑडियो और वीडियो क्लिप का प्रकाशन किया है। यह 'वंडर्स ऑफ रेकी' नाम की लोकप्रिय मासिक पत्रिका का वितरण मुफ्त में अपने सारे स्रोतों को दुनिया भर में पिछले 20 वर्षों से कर रहा है।

फिंगर टेल—अपने मन के सटीक ब्लूप्रिंट को जानें, जिसके लिए आप बने हैं। फिंगर प्रिंट के विश्लेषण का एक अनोखा और वैज्ञानिक रूप से सिद्ध विश्लेषण, जिससे आप 100 प्रतिशत सफलता के लिए अपनी मूल प्रतिभा को जान सकेंगे।

अधिक जानकारी के लिए संपर्क करें—

हीलिंग टेंपल

56-A, ED ब्लॉक, मधुबन चौक, पीतमपुरा, दिल्ली-110034

फोन : 011-27311456, (मो.) 9560543434

इ-मेल : healingtemple@rhftrust.com

222.reikihealingfoundation.net

मेरा लेख एवं मेरी कविताएँ ही मेरा सच्चा परिचय है।

इशारे पे मत लटक, स्वयं के गुरु को जान।
दूसरों के पंख क्या काम के, अपने पंख पहचान॥

यूँ तो जन्म हजार लिये, एक और जन्म लिया तो क्या?
जिस दिन जागा तभी जनमा मैं, अंधा बनकर जिया तो क्या?

हमसे ज्यादा ईश्वर ने हमारा किया विचार है।
खूब लुटाने बैठा वो लूट लो जो तैयार है॥

तुमसे बड़ा अजूबा है क्या कोई जहाँ में।
तुमसे है यह दुनिया वरना क्या रखा जहाँ में॥
तुमसे भी आगे क्यों तुम भगवान् ढूँढ़ते हो।
सबकुछ मिला हुआ है क्या तुम खोजते हो॥

खुदा से कह दो जन्नत से मिटा दे मेरा नाम।
क्योंकि धरती पर ही मिल गईं मुझे स्वर्ग से बेहतर
अवचेतन मन की शक्तियाँ॥